AF278081

Heterodoxias

Conversación con Miguel Álvarez-Fernández

NIÑO DE ELCHE

Heterodoxias

Conversación con Miguel Álvarez-Fernández

CÁTEDRA +media

Directora de la colección: Pilar Carrera

1.ª edición, 2024

Ilustración de cubierta: © Riki Blanco

Imágenes de interior: Sesión fotográfica a cargo de Juan Carlos
Quindós pertenecientes al proceso creativo que Niño de Elche
y Miguel Álvarez-Fernández desarrollaron en el Centro
de Residencias Artísticas Matadero Madrid en el año 2019
a partir de la escucha del archivo sonoro de Val del Omar

PAPEL DE FIBRA
CERTIFICADA

© Francisco Contreras Molina y Miguel Álvarez-Femández, 2024
© Ediciones Cátedra (Grupo Anaya, S. A.), 2024
Valentín Beato, 21. 28037 Madrid
Depósito legal: M. 5.760-2024
I.S.B.N.: 978-84-376-4781-4
Printed in Spain

Niño de Elche.
Breves apuntes sobre la excepcionalidad

MIGUEL ÁLVAREZ-FERNÁNDEZ

Al tratar de describir mi valoración de las colaboraciones artísticas que he tenido el placer de compartir con Niño de Elche, siempre me viene a la memoria una cita que se atribuye al baterista británico Bill Bruford. Cuando en una entrevista, ya hace años, se le preguntó a este integrante de mil y un grupos de rock progresivo (desde Yes hasta Genesis, pasando por King Crimson) cómo describiría él a esta última banda, Bruford aseveró: «King Crimson es el único grupo con el que puedo tocar en trece por ocho y dormir en buenos hoteles».

Pues bien, salvando infinitas distancias —de muy diversa naturaleza—, creo que es posible comparar la excepcionalidad que refleja esa anécdota con la posibilidad que he disfrutado, junto a Niño de Elche, de llenar teatros como el Principal de Santiago de Compostela (el pasado mes de octubre de 2023, dentro del festival Curtocircuito) o el Campoamor (en marzo de ese mismo año, dentro de la Semana del Audiovisual Contemporáneo de Oviedo [SACO]) con un público que presencia, e incluso aplaude, cómo emergen del cuerpo de Niño de Elche —y atraviesan los circuitos de mi cacharrería electrónica— aullidos desgarrados, inquietantes rugidos, citas inconexas de Artaud, violentos golpes sobre una guitarra eléctrica, agitadas respiraciones y solo algunos sonidos potencialmente asimilables al canto.

No se me ocurre, en la España actual, otra figura que pueda conseguir algo semejante. O (si se quiere pasar de la anécdota a la categoría) que plantee una *performance* sonora en la tradición de la vanguardia experimental[1] mientras apela, exitosamente, a públicos (y a medios de comunicación) en absoluto relacionados con la creación sonora contemporánea.

Las páginas de este libro, conviene adelantarlo, no proporcionarán una explicación precisa y detallada de este fenómeno sociológico y estético. Pero a través del diálogo que se inaugura tras este breve prólogo sí aparecerán indicios (o, quizás mejor, vestigios) del camino recorrido por Francisco Contreras Molina desde el Elche de 1985 hasta el momento actual, con varios apuntes o predicciones, que me interesaba espolear, respecto de algunos futuros posibles.

---

[1] En ese espectáculo, titulado *Niño de Elche canta el cine mudo*, respondemos desde el escenario a la proyección de *La coquille et le clergyman* (1928), de Germaine Dulac, y a *Un chien andalou* (1929), de Luis Buñuel.

Es esta una conversación surgida de un intercambio epistolar —a través de correos electrónicos, se entiende— prolongado durante un año y medio, aproximadamente. Por supuesto, en ese lapso de tiempo nuestras colaboraciones y, sobre todo, nuestra amistad —anterior en tiempo e importancia a todo lo demás— también incitaron numerosos encuentros presenciales, prolongadas llamadas telefónicas e infinitos mensajes de diverso tipo, que a su vez auspiciaron nuevos temas y enfoques para estas páginas. Vale la pena mencionar aquí todo esto, aunque solo sea como un adelanto —o, más bien, un aviso— de que en este libro no será sencillo (ni, de hecho, posible) separar lo que concierne al arte de aquello que atañe a la vida.

Más arriba se aludió a la tradición de las vanguardias, y aunque Niño de Elche (en extraña connivencia con Francisco Contreras) ha logrado insertar en su práctica artística la idea de máscara, o incluso de personaje, tan propia del universo pop-rock —el nombre de Bowie no dejará de resonar en todo el libro—, su compromiso vital con aquello que hace sigue recordando a esos otros artistas —herederos de Artaud, o de Cage y Feldman— incapaces de establecer diferencia alguna entre el arte y la vida. Las ideas de «misión» y «vocación», que también aparecen en momentos cruciales de esta correspondencia, condensan el modo en que Niño de Elche se relaciona con eso que solemos denominar «arte» (pero que, para él, a diferencia de lo que sucede con muchos colegas musicantes, no es una profesión o un oficio, sino un modo de estar en el mundo).

De esto último se deriva una lógica consecuencia que también conviene explicitar antes de que se inicie, propiamente, el diálogo —pues quizá los participantes en él la tengamos demasiado asumida—: dentro del proyecto vital/artístico de Niño de Elche no existen grandes diferencias (de orden jerárquico, es decir, de importancia o de valor) entre la preparación de un disco, la escritura de un libro, el trabajo en torno a una instalación sonora, la producción de un programa radiofónico, etc. Se trata, en cada caso, de nuevas facetas de ese proyecto o misión que no es tanto, al final, *de* Niño de Elche, sino que más bien *constituye* al propio Niño de Elche.

Siguiendo el hilo lanzado al inicio de estas líneas —con el propósito de ampliar el contexto sobre el cual se construye ese intercambio que conforma la esencia de este volumen—, aunque en la conversación se mencionan muchas de las innumerables propuestas acometidas por Niño de Elche, algunos comentarios forzosamente se proyectan hacia —o, en su caso, proceden de— experiencias artísticas que han entretejido nuestras respectivas voces en prácticamente todos los dominios mencionados en el párrafo anterior: desde el doble vinilo titulado *La distancia entre el barro y la electrónica. Siete diferencias valdelomarianas* (SONY, 2020), en el que tuve la oportunidad de trabajar como director artístico y productor musical, hasta el libro *No comparto los postres* (Bandaàparte, 2016), que incluyó un breve ensayo inspirado por el primer encuentro entre Francisco Contreras e Isidoro Valcárcel Medina, tras la proyección, en la Sala Pradillo de Madrid, de la película *No escribiré arte con mayúscula* (2015), dedicada al pionero del arte conceptual (y sonoro) en España.

O desde mi disonante participación en el documental *Canto cósmico* (2021), de Leire Apellániz y Marc Sempere, hasta aquel concierto de ocho horas de duración, celebrado en 2018 en la antigua villa romana de Almedinilla (Córdoba) y resumido después en el ya inencontrable vinilo *La vigilia del sueño* (que también produje, mezclé y masterizé).

O, hablando de escenarios improbables (en los que instalar mis instrumentos electrónicos siempre representa un desafío), desde ese otro memorable concierto durante el tórrido verano de 2021 en el Museo Vostell de Malpartida de Cáceres, donde hicimos sonar, ubicados entre la recreación Fluxus de los toros de Guisando, nuestro *Liederbuch Vostell / Cancionero de Malpartida* (que aún aguarda ser editado en disco), hasta *Hoy comamos y bebamos. Tres conciertos navideños,* que presentamos al final de ese mismo año en la Sala Fernando Arrabal de las Naves del Teatro Español en Matadero, y donde yo me encargué de la dirección artística, los arreglos y la producción musical.

Junto a ello se podría citar también la grabación de un disco, ya en 2016, titulado *Infancias* —que quizás algún día vea la luz—, o la impartición conjunta de talleres sobre arte sonoro en lugares tan emblemáticos para nosotros como la Fundación Cerezales (León), Azala (Vitoria) y Medialab-Prado; en este último caso, justo antes de que el Ayuntamiento de Madrid desmantelara la institución. O, por supuesto, la realización del guion, el diseño sonoro y la producción musical de la instalación *Auto Sacramental Invisible. Una representación sonora a partir de Val del Omar,* presentada en el Museo Reina Sofía de Madrid entre 2020 y 2021 (y que en 2023 también se ha mostrado en Brasil, como parte de la 35.ª Bienal de São Paulo).

Son muchas, pues, las aventuras sonoras compartidas con Niño de Elche en estos últimos años, pero son bastantes más los aprendizajes extraídos —al menos por mi parte— de todos estos procesos. La comprensión del arte como un medio de conocimiento es otro presupuesto fundamental de este libro, y por ello no está de más subrayarlo desde estas líneas prologales.

Esta última idea se hace especialmente relevante cuando, en nuestro contexto cultural, la música se sigue asociando, en general, al entretenimiento, tal y como se analiza y, desgraciadamente, se constata reiteradamente en este diálogo[2]. Si ahora mismo intentamos evocar en la mente del lector algo tan abstracto y arriesgado como la idea de «un intelectual español», parece improbable que la imagen

---

[2] Esos pasajes —aunque, en realidad, todos los que conforman el libro— podrían resultar de particular interés para los (cada vez más numerosos) estudiantes de gestión cultural —y, quizás, para sus propios profesores—, a quienes se hacen múltiples referencias en el texto. Los autores no estamos del todo seguros respecto a su comprensión de la música —ni del arte, en general— como algo diferente de una forma más de esparcimiento o recreo (desde luego, la asunción generalizada y acrítica del maligno concepto de «industria cultural», incluso por parte de gobiernos que se definen como progresistas, no ayuda nada en este punto).

resultante sea la de un músico. Este gran problema se confronta radicalmente en este libro, marcado también en este punto por la excepcionalidad; una excepcionalidad que ahora debemos adjetivar como hipotética o conjetural, a la espera de que los lectores validen o impugnen tal presunción.

En cualquier caso, los intentos de generar y proponer un pensamiento que recogen estas páginas desbordan, con creces, aquello a lo que nos tienen habituados los músicos españoles vinculados al pop-rock. Y, no nos engañemos, lo mismo sucede con la mayor parte de compositores relacionados con la llamada «música contemporánea», igualmente incapaces de proponer una sola idea o reflexión mínimamente novedosa, o de participar en cualquier debate público sin suscitar vergüenza ajena, pero que gustan de ser considerados «intelectuales».

La observación anterior alcanza cotas aún más altas —así como nuevos y todavía más problemáticos sentidos— cuando intentamos asociar la posibilidad de articular un pensamiento original con un artista flamenco (o exflamenco, eso es aquí irrelevante). En este punto convergen todos los fantasmas que nuestra cultura *nacional* arrastra… pero también todos los mitos que venera y a los que sigue rindiendo pleitesía.

Efectivamente, entre las reflexiones más sugestivas de este libro figuran —como era previsible— las que Niño de Elche dedica al flamenco y, especialmente, a sus contradicciones (con las cuales, como se demuestra aquí, sigue resultando muy sencillo identificar a nuestro propio país, y acaso también a nosotros mismos). El binomio que habitualmente contrapone tradición y experimentación es, como se leerá, el primero en saltar por los aires. Desde esa renovada perspectiva no es difícil constatar el más que acendrado conservadurismo de la mayor parte de las propuestas que, procedentes de ese ámbito que los musicólogos más refitoleros denominan «músicas populares urbanas», han surgido en nuestro país durante las últimas décadas.

Tal panorama impide —o, cuando menos, dificulta— que, dentro de nuestro contexto cultural, un músico —de cualquier género o condición— pueda reconocerse en la (solo aparentemente contradictoria) «tradición de la vanguardia». La excepcionalidad —de nuevo es necesario acudir a este término— de Niño de Elche consiste, a este respecto, en haber identificado a muy temprana edad el carácter experimental o vanguardista de algunos de sus «maestros» flamencos (y, desde luego, en no conformarse después con emular sus respectivos estilos, sino más bien aspirar a imitar su capacidad para la renovación del cante, y para crear, como resultado, nuevas formas de escucha).

Solamente después llegó hasta Niño de Elche —cuya excepcional, incontenible y envidiable curiosidad artística (y, por extensión, intelectual) atestiguan reiteradamente estas páginas— el trabajo de artistas de la voz como Carles Santos, Llorenç Barber, Fátima Miranda o Bartolomé Ferrando, que aquí se describen como referentes. Pero, como se podrá leer, si bien estos creadores representan para Contreras un admirable ejemplo en cuanto al incuestionable valor de sus respectivas aportaciones artísticas, no pueden desempeñar para él un modelo a seguir en cuanto a su relación con el público —o, siempre mejor, los públicos. En este último sentido, cuando se le pregunta a Niño de Elche por artistas cuya carrera le resulta paradigmática, son otros nombres, extranjeros, los que aparecen (Brian Eno, Scott Walker, Diamanda Galás…).

Las páginas finales de nuestra conversación tratan este delicado tema. Más específicamente, analizan y cuestionan la vinculación entre la escasa proyección comercial de autores españoles como los antes mencionados (u otros aún anteriores, como Luis de Pablo) y las políticas culturales públicas de las que se beneficiaron, especialmente durante los años ochenta y noventa del pasado siglo, a través de apoyos con los que los músicos de las generaciones posteriores solamente hemos podido soñar.

Resulta sencillo reconocer, desde la perspectiva actual, que esas políticas culturales han resultado, con el pasar del tiempo, fallidas. El estancamiento profesional (y, en consecuencia, también estético) de esos artistas así parece demostrarlo, al igual que la citada falta de proyección en públicos más amplios. Pero no es tan evidente (o, al menos, no para los participantes en esta conversación) que la mejor alternativa a esas políticas —y, sobre todo, a la incapacidad de nuestros dirigentes de afianzarlas y sostenerlas en el tiempo— sea, simplemente, dejar actuar al juego de la oferta y la demanda, es decir, a los mercados, siempre desabridos y caprichosos (por no usar otros adjetivos bastante más gruesos).

La ausencia generalizada, en España, de una crítica musical digna de ese nombre —salvo contadísimas excepciones— y, sobre todo, de plataformas comunicativas desde las que un trabajo riguroso y profundo pueda llegar a personas curiosas e inteligentes también es objeto de reflexión en este volumen que sus manos ahora sostienen. Quizá a algunos lectores les pueda sorprender, e incluso molestar, que esa demanda de inteligencia proceda, aquí, de una persona que no ha pisado —como alumno— ni un conservatorio, y que tampoco llegó a cursar estudios universitarios («tengo la ESO, y porque me la regalaron», suele comentar Contreras).

A esas personas también está dirigido este libro, con la esperanza de que puedan entender cómo en la España de finales del siglo XX un chaval expulsado del sistema educativo puede construir(se), por otros medios, no solamente un acervo cultural de muy alto nivel, sino también una capacidad de apertura mental y una audacia intelectual que algunos echamos mucho de menos en las aulas universitarias que nos ha tocado frecuentar.

Efectivamente, desde una perspectiva academicista, tanto los modos de expresión como ciertos conceptos aquí vertidos podrían adolecer de imprecisiones y ausencias de matiz. Corresponde a cada lector, pues, determinar si ello debería disminuir el valor de lo que aquí propone Niño de Elche o si, más bien, aún se puede extraer algún aprendizaje de estas palabras suyas. Personalmente, y dado que en algunos pasajes del texto entendí que me correspondía asumir cierto papel de «abogado del diablo» (o, más simplemente, de provocador), reconozco que ese tono posibilista que continuamente marca el talante de Francisco Contreras (siempre rebosante de un radical optimismo que se amalgama con una desacostumbrada capacidad de imaginación y de trabajo) constituye no solamente un excelente estímulo anímico para cualquiera, sino también otro reflejo de una aguda actitud intelectual que solamente cabe admirar y celebrar.

Estamos muy lejos, pues, de un «buen salvaje» (hipotéticamente transmutado aquí en un «buen flamenco») que, además de cantar, dice cosas más o menos interesantes, entre *boutade* y *boutade*. Niño de Elche expresa en estas páginas —con más claridad que en cualesquiera otras de entre las muchas que ya ha dado a la imprenta— un pensamiento que ubica, en primer y privilegiado término, la escucha (ahí radica, por lo demás, la mayor de sus provocaciones intelectuales, en el contexto de la sociedad actual y, en particular, la española).

Esa escucha que aquí se defiende no solamente se soporta en conocimientos históricos y técnicos, aunque eso, quede claro, no le vendría mal a nadie, especialmente a esos críticos a los que tanto echamos de menos aquí (y que, desde luego, nada tienen que ver con esos «entendidos» o «melómanos» de los que el joven Contreras rápidamente aprendió a huir). Desde luego, tampoco se reduce, esa escucha, a la pasión más o menos irracional del «aficionado» o del «fan»…

La escucha que Niño de Elche propugna en este pequeño volumen —convirtiéndolo en un vademécum no ya de estética, sino también de ética— debe entenderse como una forma radical de apertura. Una forma de abrirse hacia «lo otro» (que, muy a menudo, es también «el otro»). El sonido, siempre maleable e incontenible en el espacio y en el tiempo, puede ser —sin duda— un índice de ese tipo de escucha (aunque su relación con esta, no nos equivoquemos, es idéntica a la que guarda el humo respecto del fuego). Pero los oíres a los que nos invitará Niño de Elche en cuanto volteen esta página alcanzan —para quien esté dispuesto a escuchar— mucho, mucho más allá (por eso aquí se habla tanto de *desnudarse,* así como del misticismo y, más ampliamente, de la espiritualidad).

Galapagar, noviembre de 2023

Conversación
con Miguel Álvarez-Fernández

Miguel Álvarez-Fernández: Al iniciar un intercambio como este, surge una duda preliminar: ¿quién responderá a preguntas como —sin ir más lejos— esta? Quiero decir, ¿será Niño de Elche, Francisco Contreras Molina o —tal vez— Francis (por aludir al nombre con el que en ocasiones te has referido a tu «yo» más infantil o familiar)?

Niño de Elche: En el idioma español el nombre de Francisco ofrece la posibilidad de una especie de transmutación constante. Es decir, mi nombre de pila es Francisco, pero podría ser Curro, ese chaval de cuando estudiaba un módulo de auxiliar de enfermería en mi adolescencia; o aquel Frasquito, de cuando visitaba el pueblo de mis padres y me relacionaban con mi abuelo paterno; también puede quedarse en Paco o Paquito, cuando me relacionan con el flamenco o el mundo de la música; por otro lado, Fran es una forma que utilizo en las aplicaciones de ligoteo, ya que suena más juvenil; o Francis, que, como bien apuntas, es el nombre con el que me llama mi familia y gran parte de mis amistades de la infancia.

Todo esto suena a una premonición sobre mi relación con las identidades en su más amplia concepción. Los términos que me han ido acompañando durante mi vida también los he ido modificando con el tiempo y con mis acciones o mi hacer (exflamenco, expañol, artista indisciplinar…). Estar en constante cambio es, a fin de cuentas, lo que supone el ser humano como motor de la búsqueda de la sabiduría, ¿no? Recordemos aquello de que lo único que no pasa es el tiempo, lo demás todo cambia.

Todos tenemos miles de adjudicaciones terminológicas a partir de designios familiares, tradicionales o culturales. Que me llamen Niño de Elche es también parte de todo ese entramado, tan rico en matices y sensaciones, que me acompaña en mi producción artístico-vital. Me pregunto si este nombre que me pusieron (o, más bien, me impusieron) de niño en las peñas flamencas de la región de Murcia cambiará de forma, o si el simple hecho de que mi cuerpo se aleje de la concepción de niño y de habitante de Elche ya será suficiente desplazamiento respecto a ese apodo.

En el territorio de lo escrito, siento que habito de una forma más amplia todas ellas, ya que lo autobiográfico está más presente que en mis trabajos musicales. De todas formas, el desnudo, ese acto de desnudarse, quitarse nudos, es algo que voy encontrando bajo el paraguas de cada uno de los nombres, y ojalá que después de este placentero proceso de escritura conjunta y conversación a dos pueda sumar algún que otro nombre más para seguir ampliando y complejizando ese yo, para llegar a más reflexiones elementales que me sigan conformando como una persona eternamente voluble, cambiante, a cada paso algo diferente, ya que, como diría un precioso poema de Wislawa Szymborska, nada ocurre dos veces.

MAF: Apuntas que en el campo de la escritura te has permitido explorar esos vericuetos identitarios con más amplitud que en otras facetas de tu trabajo creativo. Pero también podría afirmarse que la enorme variedad de registros estéticos y hasta políticos que vienes abordando en tus proyectos ha sembrado cierta confusión entre críticos, programadores, investigadores, y acaso también entre eso que algunos continúan denominando «el público» (aunque seguramente deberíamos hablar de «los públicos»).

NdE: Siento, curiosamente, que los públicos —muy buen apunte el tuyo sobre la diferencia entre «público» y «públicos»— son los que menos confusión sienten en los últimos tiempos respecto a la variedad de registros desarrollados en mi trabajo artístico… aunque no creo que suceda de igual forma en el territorio de lo político.

Es verdad que los formatos con los que aún se desarrollan gran parte de las programaciones culturales hacen que mis propuestas todavía sean difíciles de encajar en determinados espacios y lugares —aunque parezca lo contrario—, pero siempre hay grandes gestores culturales que hacen lo impensable para que eso se dé. Por eso me tomo todo esto como un pequeño milagro, y de ahí mi gratitud y mi ferviente defensa del desarrollo de sujetos realmente formados en el ámbito de la cultura artística, con una visión poética ajena a las etiquetas estancas y a las disciplinas artísticas establecidas. Creo que es la única solución para poder tener una oferta y, por ende, formación cultural y educativa amplia, con las suficientes grietas como para penetrar de forma heterodoxa los corazones y las almas de los seres.

Hace unos años esta forma de afrontar las propuestas artísticas resultaba un gran problema a la hora de insertarse en la mal llamada industria musical, museística y la de las artes escénicas. Poco a poco, y gracias, como te decía anteriormente, al trabajo de muchas personas en diferentes ámbitos, se está consiguiendo una mejora en la amplitud de los diferentes espacios artístico-culturales, no solamente de nuestro país. Siempre encuentro dificultades para explicar algunas de las propuestas, no tanto conceptualmente sino por los formatos en los que te ves «obligado» a encuadrarlas. Pero con el tiempo aprendes a descubrir en toda limitación espacios de experimentación y de encuentro con otros seres que tienen problemas parecidos, y que han tenido y podido desarrollar diferentes y variadas formas de resistencia, por un lado, y de ampliación de imaginarios, por otro.

Creo que en esta última reflexión es donde puedo encontrar un mayor gozo con esta cuestión, si bien no puedo dejar de reconocer que a menudo es frustrante y me genera mucho vértigo, aunque muchas veces no lo transmita para no perjudicar el buen espíritu del proyecto. Tampoco dejo de reconocer que todo ello pertenece a lo fascinante de esa práctica que metafóricamente podríamos tildar de «salto al vacío» dados los pocos referentes en los que me puedo apoyar en el panorama artístico español. Lo escrito en este caso me ayuda nuevamente a compartirte de forma más concisa mi vulnerabilidad y fragilidad ante esto, que ocupa gran parte de mi labor.

MAF: Te refieres ahora a la vulnerabilidad, y tú mismo has hablado antes de «desnudarse», algo que podría caracterizar toda tu práctica artística, en ese sentido que condensa maravillosamente la expresión «poner toda la carne en el asador». No sé si la falta de riesgo en las propuestas de otros colegas artistas, particularmente en nuestro país, es algo que haya propiciado alguna reflexión por tu parte.

NdE: Siempre he aseverado que si he llegado a ser eso que llaman un artista experimental —con todos los matices y confusiones que pueda conllevar dicha expresión, tan manida y tergiversada— es porque mi procedencia viene de ese campo de sentido que puede llegar a ser lo flamenco. Sé que es una afirmación no poco controvertida, e incluso provocadora, pero, siendo honesto, debo decir que se acerca a una realidad por mí experimentada. No seré yo quien intente refugiar de las críticas constructivas a gran parte de los artistas flamencos actuales (quienes, bajo capas estéticas de «actualidad» o de «tendencia», esconden posicionamientos anclados en procesos a mi entender poco comprometidos con prácticas radicales en el mundo del arte). Pero eso no debe enturbiar mi visión ante una expresión tan contradictoria y, por ende, tan rica y paradójica. Lo flamenco ofrece una serie de herramientas y lógicas (en defi-

nitiva: unas formas de estar y de proceder) muy posibilita-
doras, que en muy pocas otras expresiones —sobre todo
las procedentes de las músicas populares— podemos encontrar.

MAF: Resulta fascinante esa tensión, tan presente en el
flamenco, entre unos moldes estéticos aparentemente sóli-
dos, y hasta rígidos, muy anclados en la tradición, y a menudo altamente formalizados, y esa evocación de una libertad casi anárquica. ¿Cómo y dónde se ubica, en ese
entrecruzamiento, y desde tu perspectiva, el potencial experimental de esas prácticas?

NdE: «Experimental» es un término que hermana profundamente con otro que, por evidente, parece que muchas
veces olvidamos: «experiencia». Ahí es donde, para mí, el
flamenco enraíza de forma radical con eso que podemos
entender como experimental (con todas sus reservas y en-
trecomillados). El flamenco es una expresión, o un arte,
cuyo desarrollo se ha visto siempre atravesado por contextos muy particulares; de ahí que muchas veces, para explicar parte del pasado del flamenco, «echemos mano» del
anecdotario más surrealista, ya que se trata de fuentes que
explican de una forma más certera la idiosincrasia de sus
seres y muchos de los porqués de sus vaivenes.

Y es que no podemos evitar hablar de ciertas actitudes
anarcoides, modos de relación muy contradictorios, que
nos muestran unas formas de ejercer la práctica artística
muy alejadas de lo que entendemos hoy día como flamen-

co desde la perspectiva del canon establecido. Muchas veces, cuando se intentan hacer esos ejercicios tan mal avenidos para establecer cuándo el flamenco se abrió, se cometen errores tan terribles como centrarse en las grabaciones —cuando lo fonográfico en el flamenco ha sido siempre el producto de un sinfín de situaciones que determinan dicha consecuencia.

Cuando Pedro G. Romero y yo decidimos construir la *Antología del cante flamenco heterodoxo*, sabíamos bien que las referencias no solo podían ser discográficas o fonográficas. Muchas de las piezas que ahí generamos son consecuencia de escritos y anécdotas que, más allá de su veracidad, construyen el imaginario heterodoxo que conforma al flamenco hoy día. Solo utilizamos lo discográfico como una fuente de prueba «veraz» ante el juicio que se esperaba por parte de la afición y la crítica flamencas.

Por eso, y a modo de resumen, lo experimental en el flamenco muchas veces no se encuentra en lo «estrictamente musical», sino en su performatividad y todo lo que de ella renace.

MAF: ¿Te parece diferente ese potencial experimental, que tan certeramente vinculas con el flamenco, del que has encontrado en el ámbito de esas otras músicas populares que podemos seguir describiendo como «pop-rock»?

NdE: Sí, por mi experiencia, y reconociendo aún más las paradojas que tiene dicha afirmación, creo que en el flamenco y todo lo que irradia de él (con sus diversas ramificaciones) se han dado muchas más experiencias «no convencionales» que en las llamadas formas estéticas del pop-rock surgidas en el contexto español. Es cierto que existe la sensación de que no es así, y que en otras disciplinas ha habido más casos de propuestas, digamos, «experimentales», pero si hacemos el esfuerzo de indagar sobre los últimos cincuenta años en la historia de todas estas manifestaciones musicales, encontraremos que en el flamenco y su campo de sentido y radiación ha habido un mayor número de sucesos o fenómenos a mi parecer más interesantes y rupturistas con lo establecido, y no solamente desde una perspectiva contracultural.

A partir de aquí podríamos desarrollar un análisis muy extenso sobre los porqués de dicha cuestión, pero como primer apunte se podría transitar sobre la idea anárquica de sus protagonistas, lo no académico como lugar de reacción, o el germen nuclear de este tipo de prácticas sin origen ni objetivo, que son las nociones bastardas del arte por cuanto a procesos de creación e identidades se refiere y la nada militante querencia —estéticamente hablando— sobre el dinero y sus gozos.

MAF: Compartiendo totalmente tu diagnóstico, también me pregunto por qué no han surgido —aunque quizá sea mucho más adecuado precisar: por qué no se han difundido suficientemente—, en el contexto nacional, propuestas más experimentales vinculadas al pop-rock; es decir, a sus circuitos de conciertos y festivales, a sus revistas y plataformas de comunicación, a sus sellos discográficos, etc.

NdE: Uno de los males más problemáticos en cuanto a la innovación (en lo estético y, por ende, en lo político) dentro de las llamadas músicas pop es una idea continuista y lineal de la historia, establecida oficialmente por parte de las discográficas y los medios de comunicación. Este mal lo podemos ver, por ejemplo, en la mayoría de propuestas surgidas en el ámbito de la música electrónica y del rap: la mayoría de productores y raperos han optado por cambiar su honorable figura por la de cantantes al más puro estilo pop del siglo pasado.

Las gentes del trap y del reguetón han tenido la suerte de proceder de una realidad muy precaria donde las cosas que podían perder eran pocas, y muchas las que podían ganar; de ahí que las primeras manifestaciones de estos géneros fuesen tan interesantes. Ahora bien, pasado el tiempo, hemos visto cómo la visión norteamericana o «yanki» de lo latino, así como la perversión identitaria proveniente de las malas conciencias de la Francia colonialista (de ahí la invención de la equívoca etiqueta *world music*), han provocado que manifestaciones *a priori* radicales y con posibilidades de generar nuevas realidades se hayan quedado en meros productos vacíos de todo contenido estético y político.

Es cierto que ha habido, hay y habrá gentes que marquen una pequeña diferencia dentro de esas organizaciones mediáticas, pero los límites de lo aceptado están más que claros. Reconociendo esta derrota, es verdad que hay seres que se relacionan de forma más liberada ante los márgenes establecidos y de vez en cuando surgen propuestas que desplazan esa idea continuista, abordando sus respectivas carreras de forma algo más poliédrica y paradójica… Pero no es lo habitual.

Dentro de esos pequeños márgenes que deja el tejido de festivales y programaciones surgidos desde concepciones pop-rock o *indie* que plagan nuestra oferta cultural (y laboral), existen espacios de lucha cultural muy sugerentes y atractivos, aunque en muchas ocasiones dolorosos —a los cuales me adscribo como artista y como ciudadano—, y en los que creo que se debe seguir profundizando aún más, también por parte de los diferentes gestores culturales, para seguir ampliando ciertas nociones musicales en España. En toda esta crítica y autocrítica de lo establecido en lo musical habría que dar también un toque de atención a ciertas lógicas que se repiten en las programaciones de danza o artes escénicas, donde las etiquetas y las disciplinas han recaído de nuevo en un hermetismo nada esperanzador para las filosofías indisciplinarias o heterodoxas en las artes.

MAF: Muchas de las propuestas que estás lanzando como posibles soluciones a esos problemas, dificultades o limitaciones de ciertos gestores culturales, programadores, responsables de empresas discográficas, críticos, periodistas… podrían resumirse —si te estoy entendiendo bien— en algo tan sencillo, al menos aparentemente, como una invitación a escuchar. ¿Qué es para ti, hoy, escuchar?

NdE: Escuchar es uno de los motores para poder ser críticos y, por ende, autocríticos. Dicha situación nos haría más empáticos con las necesidades culturales y, sobre todo, con la diversidad añorada en esa revolución educativa que tanto necesitamos. Val del Omar denunciaba en su obra la ceguera de la sociedad con su declamada frase «¡pero qué ciegas son las criaturas que se apoyan en el suelo!», y yo la formularía «¡pero qué sordas son las personas que se apoyan en el suelo!».

Uno de nuestros grandes problemas, no solamente culturales sino también políticos, es la falta de escucha, esa toma de conciencia: tanto la interior —la personal— como la del prójimo, la del otro o los otros. Morton Feldman dejó escrito la que para mí es la mejor definición del escuchar: suspender tus propias convicciones. Y es que la escucha siempre es una solución recurrente frente al estancamiento o limitación ante cualquier problemática que se nos presente, ya sea social, política o cultural (viene a ser todo casi lo mismo), aunque es verdad que no es tan sencilla de conseguir como parece.

La conciencia del saber escuchar es algo que se debe alentar desde diferentes y variados sectores, y su deficiencia nos atraviesa a todos, ya que somos hijos de una falta auditiva tal que, cuando consiguen establecernos en esa discapacidad, resulta muy traumático encontrar el mecanismo para dar con una solución. Aún falta una cohesión de todos los agentes que apuntabas en tu pregunta y que, como bien sabemos, en muchos casos no están por la labor de reconocerse en el otro, ya que siguen instalados en unas lógicas (muchas veces lógicas de mercado irreales o inexistentes), de modo que, cuando se les plantea alguna modificación a los *modus operandi* convencionales, esta es tomada como un ataque casi antisistémico y así, bajo esa etiqueta, se intenta desactivar ya no solo al causante del debate, sino el debate en sí. En definitiva, una escucha musical, sonora o artística profunda, crítica, meticulosa, analítica, radical… es algo que cambiaría nuestra forma de entender el mundo, y sin duda sería un primer paso para una revolución, por muy pequeña que esta fuese.

MAF: ¿Y cómo crees que se puede, en cuanto creador sonoro, invitar a ese tipo de escucha, ayudar a suscitarla?

NdE: Una de mis preocupaciones en los últimos años es cómo generar contextos que sirvan para que esa conciencia de la escucha se pueda dar. Mi trabajo discográfico, así como el escénico en todas sus acepciones, al igual que mi pequeña producción literaria o cinematográfica, así lo demuestran. Para mí son ejemplos para ser analizados y tenidos en cuenta lugares como las iglesias, las factorías de creación, los monasterios, los conventos, los espacios destinados al llamado *coworking,* asociaciones de todo tipo, fundaciones o logias masónicas, que han sido y son tradicionalmente sitios de encuentro donde se han desarrollado vínculos alrededor de unas prácticas con algunos fines concretos, aunque es verdad que en muchos casos han fracasado en el logro de la conciencia de escucha más allá de sus límites ideológicos o conceptuales.

Desde mi perspectiva como artista sonoro, estas experiencias nos deben seguir alentando a pensar cómo lograrlo no solamente en un teatro sino también en cualquier tipo de espacio. Es verdad que el poder de la música y el sonido constituye una gran herramienta para dicho anhelo, pero eso nos obliga también a replantearnos nuestras formas de representación, exposición y, por ende, relación a la hora de promover o compartir cualquier tipo de ejercicio con lo sonoro desde lo colectivo. Personalmente no lo he encontrado, ya que el historial cultural que arrastramos aún pesa mucho, pero presiento que entre todas las experiencias nombradas anteriormente podemos sacar conclusiones esperanzadoras por cuanto a lo educativo y cultural se refiere. Tal vez en el flujo entre ellas esté la clave. La única manera de saberlo es seguir haciendo, experimentando, probando.

MAF: Más concretamente, ¿cómo crees que acontecen esos procesos en tu propia música (sea sobre un espacio escénico, uno expositivo, un registro fonográfico...)?

NdE: Sigo en el proceso personal (y en el constante intento) de llegar a comprender de forma profunda los diferentes formatos que planteas para así poder ofrecer, a partir de ellos, posibilidades de escucha más allá de las que experimentamos actualmente. En esa experimentación constante con los públicos, las casas discográficas, las instituciones museísticas o escénicas he ido encontrando grietas donde ir ampliando ese espacio de superación de prejuicios, de miedos.

Dentro de ese territorio ha habido trabajos que podría nombrar a modo de ejemplo, como la *Antología del cante flamenco heterodoxo,* donde intenté que se ampliara la escucha más allá del cante, el toque y el baile junto a Pedro G. Romero y «Refree», para mostrar que el flamenco va más allá de esa santa trinidad y que su funcionamiento y concepción se basan principalmente en otras experiencias y fuentes muchas veces alejadas de ese tipo de prácticas entendidas como más nucleares.

En otro orden de cosas, discos como el que hicimos a partir del archivo de Val del Omar *(La distancia entre el barro y la electrónica. Siete diferencias valdelomarianas)* constituyen otro intento de ampliar una escucha visual en el terreno de lo cinematográfico —que sigue siendo muy reduccionista en relación con la obra de un artista tan complejo y poliédrico como el granadino.

En lo escénico he desarrollado varios proyectos relacionados con la superación de prejuicios y el intento de ampliar la escucha, entendida esta como algo más que el simple hecho de oír. Propuestas como las de *Vaconbacon, cantar las fuerzas,* junto a Bulos y Tanguerías, o *Al cante,* de Juan Carlos Lérida, son buenos ejemplos del intento aún fallido de poner el foco en que el cuerpo como elemento básico de la construcción del cantaor sea tomado en cuenta de forma más consciente, y exigido como modelo subceptible de ser modulado y moldeado. Una labor de desmitificación de términos e ideas que siempre me ayuda sobre todo a ampliar primeramente mi escucha, a ser crítico conmigo mismo y, por ende, extenderla al campo de lo común, que es donde siempre creo que deben exponerse y compartirse dichos procesos experimentales.

MAF: Y, tras todas estas experiencias que mencionas, ¿cómo describirías el momento actual de tu trayectoria? ¿Hacia dónde crees que te proyecta?

NdE: Siento que estoy en un momento de expansión, a menudo algo extremada, e intuyo que me llevará en pocos años a buscar un momento de calma, de espacio reflexivo, de distancia para poder asumir la cantidad de proyectos que he realizado en tan corto tiempo. Hay algo en mí que me dice que ese momento no está tan lejos, sobre todo porque hay prácticas que me siguen invitando a ello, como la lectura, la escritura, la radio o el acompañamiento a otros procesos creativos. Tal vez esta verbalización sirva para ir asumiendo el deseado descendimiento. Quién sabe…

MAF: Descendimiento... ¡O mayor ascenso aún, eso tampoco se sabe! Pero al escuchar estas palabras tuyas, uno se pregunta si tienes en mente, como referencia, alguna carrera artística que haya evolucionado en un sentido parecido al que planteas...

NdE: ¡Lo vertical, Miguel, lo vertical! [risas]. Hay carreras que, por enigmáticas —pero también por referenciales, artísticamente hablando—, son tomadas a modo de faro, pero también de aviso permanente. No puedo evitar sentir

cierta admiración por el planteamiento y desarrollo de carreras artísticas como las de Brian Eno, Scott Walker o Diamanda Galás.

Su modo de «apartarse» o «aparcarse» es algo que ahora mismo parecería imposible o poco probable en mi vida, pero supongo que si las referencio tanto y están tan presentes en mí será porque en algún momento llegará la hora de escuchar su recado. Mientras tanto, las preguntas del bienestar económico, más allá del espiritual, son cuestiones que también surgen entre la infinidad de incógnitas ante este tipo de vidas.

MAF: Quisiera ahora que compartieras algunas reflexiones acerca de la proyección internacional de tu trabajo. Has viajado —como artista— a numerosos países europeos e hispanoamericanos, a Estados Unidos, a Japón… ¿Qué sensaciones y experiencias has podido cosechar en estos lugares? ¿Qué promesas podrían aguardarte en esos u otros países?

NdE: No caeré en el tópico de decir que en el extranjero están mucho más avanzados en cuanto a superación de disciplinas artísticas se refiere, ya que sería faltar a la verdad desde mi experiencia personal. Con la etiqueta «flamenco» aún queda mucho trabajo que realizar, ya que han heredado el pensamiento más clásico y en algunos casos conservador del imaginario más romántico desarrollado, precisamente, por muchos aficionados o escritores extranjeros y también por parte de las instituciones andaluzas, el Instituto Cervantes o todo lo que rezuma la nefasta «Marca España».

Ese caso lo podemos encontrar claramente reflejado en países como Japón o Francia, entre otros. En el territorio de las músicas en general, la etiqueta que más trabas supone para propuestas «poco etiquetables» sería la de la mal llamada *world music*. En España el concepto *indie* y pop es lo que reina de forma casi totalitaria en la mayoría de festivales de música, y la *world music* sería el caso paralelo en la mayoría de países europeos.

Debo decir que todo esto cambia cuando viajo integrado en propuestas de danza o artes escénicas, ya que ahí sí siento que han sabido superar ciertas barreras estéticas, aunque aún queda mucho trabajo; pero sí es cierto que mi figura en esos ámbitos es más aceptada (aunque después esos mismos festivales no aceptan la figura de un «músico» cuando este propone iniciativas más escénicas o performativas…).

En definitiva, siempre siento que, a pesar de la cantidad de trabajo (del que disfruto), mi sensación es que debemos desplegar el doble de energías y de estrategias discursivas para convencer, sobre todo en el terreno de la música y las artes escénicas, ya que siguen anclados en posiciones excesivamente clásicas y prejuiciosas. Por suerte, y cada vez más, encuentro a gestores culturales muy concienciados con esta falta y con la necesidad de una revolución interna también en las miras de las programaciones culturales, y en esos casos me utilizan —y agradecido de que así sea— como «proyecto piloto» o «conejillo de Indias», algunas veces para bien y otras para ser prueba de los públicos, y ahí es donde siempre existe la dicha del milagro y de la fe en ellos.

MAF: Quisiera ahora retrotraerme a un momento anterior de esta conversación, cuando te preguntaba acerca de los canales que consideras más idóneos para suscitar un tipo de escucha profunda, y respondías aludiendo a diferentes espacios. Entendiendo esos lugares tanto en su dimensión simbólica como en su sentido más físico, quizá podríamos hablar ahora sobre la presencia de esta última dimensión, la más corpórea, de la música (y de la voz en particular) dentro de tu trabajo.

NdE: La toma de conciencia del cuerpo —de lo físico— en el gesto musical es algo a lo que llegué de forma temprana. Tuve la suerte de que, dados mis intereses en algunas otras músicas, mis compañeros Raúl Cantizano y Santi Barber me invitaran a participar en su proyecto titulado *La bicicletera*. A partir de esa experiencia entendí de una forma más cercana y real lo que suponía el cuerpo en su sentido más político a través de prácticas como la llamada *performance* o la poesía fonética.

Al tiempo empezamos a desarrollar uno de los procesos que marcarían un antes y un después en mi forma de abordar la voz, el bautizado como *Vaconbacon. Cantar las fuerzas,* a partir de la vida y obra del pintor Francis Bacon. Desde ese instante mi perfil como cantaor cambió, y fui invitado a trabajar con gentes de la danza contemporánea y el movimiento como Juan Carlos Lérida, Guillermo Weickert, María Muñoz o Belén Maya.

Después de estas experiencias —acompañadas por procesos relacionados con la improvisación libre, la música metal o ciertas músicas electrónicas— pude desarrollar lo que ese cuerpo podría suponer en lo sonoro, y ahí fue cuando ensanché mi discurso de la voz a las voces, para entender dicho instrumento desde su máxima amplitud sonora y su sinfín de posibilidades estéticas.

MAF: ¿Y en qué momento te encuentras, actualmente, en esa relación tuya con «las voces»?

NdE: Puede parecer paradójico esto que te voy a comentar, pero cuanto más profundizo en la idea y la práctica de «las voces», más me alejo de la concepción de cantaor o cantante. Entender esos sonidos que emergen de la boca como algo más que una voz es algo que me liberó de posiciones estéticas muy basadas en la importancia de la melodía y la armonía. Con todo ello se abrió un universo por descubrir, y en ello continúo por muy clásico que pueda ser o parecer el proyecto que emprenda.

Es verdad que el plano espiritual cada vez tiene más relevancia en mí, y ello me viene dado, sobre todo, por mis lecturas teológicas en relación con el silencio, lo coral como concepción de la comunidad, la búsqueda de la voz de Dios (si es que la hubiera), el mundo sonoro que rezuma en todas esas lecturas… También los debates músico-teológicos que algunos textos suscitan sobre territorios de lo político o, por supuesto, ese conocimiento de los espacios arquitectónicos, de su resonar y su percepción auditiva para desde ahí traducir esa experiencia en algo cercano a lo místico.

En todo ese mar de influencias podría nombrarte en el terreno de lo escrito tu maravillosa tesis *La voz límite, una aproximación estética a la vocalidad teratológica desde el arte sonoro, No sufrir compañía* o *La música en el oído* del escritor amigo Ramón Andrés, los escritos de Thomas Merton sobre el silencio, el libro *Silencio* de John Cage, *Pensamientos verticales* de Morton Feldman o las conferencias de Luciano Berio, entre otros. En el terreno de lo sonoro o musical, experiencias como el *Tríptico elemental de España* del creador Val del Omar, las obras del artista Walter Marchetti, los ya citados Feldman o Cage, Beñat Achiary, la música electrónica de baile o la poesía fonética del Flatus Vocis Trío o de Carles Santos fueron también buenos trampolines por donde deslizarme e impulsar mi curiosidad vocal.

MAF: La pieza que creaste en 2020 para el Museo Reina Sofía, *Auto Sacramental Invisible: Una representación sonora a partir de Val del Omar,* ha servido, qué duda cabe, para que un gran número de personas —especialmente jóvenes, seguramente porque la presentación de esta instalación sonora coincidió con el brutal éxito comercial de tu colaboración con C. Tangana en la canción *Tú me dejaste de querer*— llegue a conocer la existencia de un artista como José Val del Omar. Algo parecido ha sucedido con el doble disco de vinilo titulado *La distancia entre el barro y* *la electrónica. Siete diferencias valderonianas.* Y se podría, en fin, mencionar también la labor que sigues haciendo cada sábado en *eXtrañas heterodoXias,* el programa que diriges y presentas en Radio 3.

Lo que quiero subrayar es cómo no tienes problema alguno en proponer a públicos cada vez más amplios lo que muchos otros (entre los que me incluyo) pensábamos que solamente podría interesar a nichos de audiencia muy minoritarios. ¿Cómo te sientes a este respecto?

NdE: Ahora que rememoras todas esas experiencias, tomo algo más de conciencia sobre lo que ha podido irradiar parte de mi trabajo o labor, pero no ha sido un motor tan claramente para mi forma de activar mis proyectos dicho fin (me refiero al de llevar a un mayor público propuestas que *a priori* entendíamos que solo estaban predestinadas para aforos reducidos o simplemente para aficionados y entendidos, como se suele decir en el flamenco). Todo esto lo he ido encontrando también gracias a las muestras que podía experimentar e intuir en ciertos públicos o foros.

Sí hay una cosa que estructura mi forma de entender el arte —y, por ende, la vida—, y es la superación de prejuicios. No tanto los del prójimo, sino los míos propios. Creo que ese espíritu me ha llevado y me lleva, muchas veces sin pensarlo en exceso, a conseguir esos logros que tan amablemente apuntas en tu reflexión. Pero me gustaría remarcar que no es un logro épico, sino que es cosa de muchos, desde programadores, compañeros de profesión, amigos, aficionados que confían en uno, la prensa, etc.

En ese sentido, sé por experiencia que se puede llegar a otros términos con otras prácticas más radicales, y por eso animo a muchos otros artistas a que se arriesguen y no tengan miedo, porque en muchas ocasiones el miedo está fundado en una ficción que nada tiene que ver con la realidad que nos plantean. Esto entronca de forma directa con lo experimental, es decir, ahí hay un campo de experimentación que resulta, me atrevería a decir, más rico y revolucionario (no tanto transgresor) que un determinado hecho sonoro o plástico.

Con el conocimiento que hemos recibido del arte del siglo XX, aún me sorprenden ciertas posiciones conservadoras respecto al arte y sus formas de representación y divulgación. Muchas veces nos apoyamos en la historia para anclar conceptos que nada tienen que ver con ella. Yo, si vengo de alguna tradición, es de aquella que bebe de posturas heterodoxas donde lo establecido o la convención es solo un principio, si es que lo hubiera. Por eso todo lo que se haga desde ahí, independientemente de la disciplina o la forma que tenga, será —como diría el salmo— un árbol plantado junto a una fuente.

MAF: Estas palabras tuyas reflejan, efectivamente, la ausencia de una estrategia clara y precisa acerca de las posibles implicaciones de tus diferentes trabajos o proyectos. Podría parecer, en consecuencia, que la evolución de tu carrera artística fuese más el imprevisto resultado de una concatenación de posibilidades un tanto azarosas que el metódico despliegue de una planificación rígida y férrea.

¿Cuánto tiene todo esto de cierto, y cómo se relaciona con otro concepto, del que nosotros hemos hablado muchas veces, el de «misión»?

NdE: Seguramente en esa tensión entre lo azaroso y lo metódico estará una parte de los porqués de mi paradójica carrera artística... Mentiría si dijera que no pienso premeditadamente algunas acciones, pero al estar sumergido en colaboraciones tan dispares y de diferente índole —tanto estética como mediática—, ello hace que cualquier idea preconcebida se escape y surja lo inesperado, algunas veces para bien y otras no tanto. Lo que sí te podría asegurar es esa pulsión que me lleva a hacer y a hacer, a dar pasos como elefante en cacharrería con la única esperanza de obtener experiencias y seguir cambiando de postura.

Por un lado, hay un halo de esperanza, pero también —y como bien apuntas— hay una fuerza que me arrastra a cumplir con lo recibido. Esa idea de la vocación me gusta mucho: escuchar una voz que te dicta eso a lo que has venido a este mundo, y la elección muchas veces se hace imposible. Sé que es difícil de explicar sin que suene a un rollo metafísico, pero es la única forma que he encontrado para verbalizar mi relación con esta misión, con esta práctica que a veces me supera; de ahí a que siempre vislumbre un final para descansar de ese peso, aunque debo reconocer que aún no he aprendido.

MAF: Tus palabras nos vuelven a remitir a esa dimensión espiritual que, de un modo u otro, no ha dejado de revolotear sobre nosotros desde el inicio de esta conversación. En una sociedad como la española, tan marcada por nuestra historia durante el último siglo —y, en particular, por ese nacionalcatolicismo que nos atenazó durante tantas décadas—, para muchas personas aún resulta muy complicado separar la idea de religión de ciertas categorías políticas. ¿Cómo te posicionas tú en este problemático entrecruzamiento?

NdE: Una problemática, la del nacionalcatolicismo, que en lo político-social suele ser muy castrante, pero que en lo artístico es muy rica, como toda paradoja que se precie. Por un lado, me he educado en una familia cuyos miembros varones votaban a Izquierda Unida, o militaban en el Partido Comunista (como era el caso de mi abuelo paterno); por el otro lado estaba la familia por parte de mi madre, más cercana a ideas religiosas católicamente hablando. Las dos tienen que ver con los ritos que las creencias plantean o generan para llegar a la utopía de un mundo perfecto, que tanto me gustan y me inspiran.

También se pueden entender estas formas de vivir como una misma base política, aunque la forma que tenía mi familia de izquierdas partitocrática nada tenía que ver con aquel comunismo más primigenio que bebe de las ideas comunitarias del cristianismo. Lógicamente no tenían dicha conciencia porque no eran realmente comunistas, al igual que mi familia más católica no creo que lo sea tanto cuando no observo en su vida cotidiana ni un ápice de concienciación espiritual.

Todo esto son resultados del tan negativo nacionalcatolicismo que apuntabas en tu reflexión, con la que tan de acuerdo estoy. Ese estigma y prejuicio que generó ese movimiento tan autoritario (auspiciado por todos los poderes del Estado, muchos empresarios y gran parte de la sociedad española) es algo que seguimos arrastrando. Ante este estado de cosas, encuentro diferentes formas de afrontarlo. Para mí la más importante —para no dejarme arrastrar por las nuevas olas de la simplista *new age* y la malentendida moda de un orientalismo basado en la autoayuda— es leer, leer y leer a los clásicos. A partir de ahí sigo creyendo en la música, y en su sentido místico, para acercarnos a la experiencia de la que aquí intentamos hablar, y que tiene que ver con ese estado de conciencia ante el silencio, la escucha, el tiempo, el dolor, la violencia, el ruido o el rito.

Siempre es complicado relacionar estas cuestiones con lo sonoro, pero sin duda sigo pensando que el mundo de la teología ganaría mucho más si pusiera más énfasis en el sonido y la música para entablar debates fructíferos sobre la espiritualidad y su razón revolucionaria. Con esta base, mi única labor por ahora está siendo hablar y mostrar mis procesos junto a obras artísticas que me acompañan en ese camino tan paradójico, como pueden ser las de Val del Omar, Christian Bobin, Scelsi, Hans Kung, Ernesto Cardenal, Alice Coltrane, Thomas Merton, C. S. Lewis, Bela Tar, Tarkovski, Simon Weill, Tolstói, Ramón Andrés, C. Jung o Erri de Luca, entre tantos otros.

MAF: Y, dentro de esta nómina de autores tan aparentemente diversos pero, efectivamente, atravesados en todos los casos por formas profundas de espiritualidad, ¿hay alguna obra, o algún concepto, que esté resultando especialmente significativo o valioso para ti en los últimos tiempos?

NdE: Hay dos conceptos que siguen siendo los vaivenes desequilibrados de mi trabajo: el silencio y el ruido, los dos espacios de más posibilidad por lo que a lo sonoro y la escucha se refiere. También por lo que respecta al trabajo sobre las voces últimamente las concepciones de lo susurrado es algo que estoy observando que me interesa cada vez más, al igual que lo declamado o lo hablado en todas sus diversas formas. Los ritos funerarios es algo que ha atravesado mis últimas propuestas, y seguirán muy presentes a partir de la historia de los mausoleos artísticos y políticos. Y, sin duda alguna, la risa y el llanto, que son cuestiones en las que sigo sumergido entre lecturas y escuchas, deseando que algún buen día pueda darles forma a partir del gesto e imagen de Jesús y de la idea de que Él nunca rio y todo el debate teológico que se originó a partir de la Epístola de Léntulo.

MAF: ¿Quizás ese proyecto en torno al *Misteri d'Elx,* tan ansiado por ti desde hace años, podría servir para explorar esas y otras preocupaciones similares?

NdE: El *Misteri* puede ser un gran campo de experimentación en relación con todo lo anteriormente hablado, ya que aúna o reúne muchas de las cuestiones que me preocupan por lo que al campo artístico y político se refiere. Es fascinante una pieza de sus características escénicas, con ese peso de lo religioso pero también de lo pagano a su vez, lo popular entendido como algo que desborda la doctrina y la ortodoxia, las cuestiones y problemáticas de género tan presentes en nuestra actualidad y, por supuesto, en lo musical se refiere, cómo se abordarían esas partituras desde una visión no académica y del populacho.

Son preguntas o reflexiones que me han ido surgiendo en el transcurrir de los años y que seguramente puedan auparme a otras lomas de lo misterioso que tiene dicha pieza e hito cultural. Ojalá se pueda dar un acercamiento a él de una forma total, aunque aquí me sigo dando de golpes con el prejuicio de las instituciones públicas y privadas acerca de lo que puedo o no puedo hacer, pero como siempre todo ello se convierte en motor para la realización de dicha aventura (ahora bien, tendremos que ver y calcular a qué coste económico y emocional).

MAF: Entiendo que un proyecto como este del *Misteri*, tal y como lo concibes en el momento actual, recogería muchos de los aprendizajes cosechados en experiencias anteriores, como *La exclusión* (pienso ahora en el espectáculo teatral que estrenasteis en Conde Duque en octubre de 2021 —con vídeos de Lois Patiño—, pero también en el disco que publicaste previamente, con Xabier Erkizia como productor y Ramón Andrés como director artístico), *Descendimiento* (la pieza de Carlos Marquerie —basada en el poemario homónimo de Ada Salas— que presentasteis en el teatro de La Abadía de Madrid en abril de 2021) o *Auto Sacramental Invisible. Una representación sonora a partir de Val del Omar.* Quizás también podrían mencionarse aquí tus colaboraciones con Angélica Liddell... ¿Qué influencias crees que han tenido en tu trabajo cada uno de estos ejercicios y cómo crees que esos aprendizajes podrían proyectarse en un trabajo como el que planteas respecto al *Misteri d'Elx?*

NdE: Somos un resultado móvil de las experiencias que vamos recogiendo y asumiendo en el transcurrir de los años. Dado mi espíritu inquieto, he colaborado, como bien apuntas, en infinidad de proyectos de muy diferente índole. Mi relación con las artes escénicas es algo que está latente en todo tipo de producción, incluso en la fonográfica. Todo está reflexionado desde el cuerpo, lo físico, el movimiento, la performatividad y el espacio como lugar aleatorio y siempre novedoso.

Todas las propuestas que apuntas —junto a las cuales añadiría las relacionadas con Israel Galván, María Muñoz «Malpelo», Juan Carlos Lérida, Guillermo Weickert, Ernesto Artillo o la más reciente junto a Rocío Molina— han sido y son parte de mi forma de ver y escuchar el mundo, en definitiva, de mis formas de estar en el mundo. Dicen que todo está inventado, aunque a mí me gusta rebatir esa afirmación afirmando que no todo está descubierto.

El *Misteri d'Elx* es un espacio que intuyo que me puede ayudar a seguir desarrollando cuestiones que he podido trabajar o experimentar —algunas veces de forma más radical y otras no tanto— en los espectáculos que mencionas. En ellos se han dado intereses que antes no existían en mi producción artística: por ejemplo, en relación con las formas del vestir, podemos encontrar diferentes desarrollos, como en la sesión de fotos con Ricardo Cases para mi disco *Antología del cante flamenco heterodoxo* y su puesta en escena (en la que me desnudaba y me revestía de cantaor, afirmando que al principio fue el traje antes del cante). Por otra parte, en *La exclusión* se vislumbraba mi influencia a la hora de tratar los ropajes asumida por presenciar en muchas ocasiones desde dónde Angélica Liddell trataba la forma de vestir a las mujeres que colaboraban en el espectáculo *Una costilla sobre la mesa: Madre,* en el que pude participar. Mis últimas experiencias junto a Ernesto Artillo, Rocío Molina y Juan Kruz Díaz de Garaio en relación con esta forma de entender «la vestida» y sus formas diferentes de rito han hecho crecer aún más mis intereses por la ropa y todo lo que ello supone en nuestro día a día.

Otro de mis intereses —que también podemos encontrar en las experiencias que apuntabas anteriormente— es el gesto simbólico. Hay algo que se está dando cada vez más en mí, más allá de la performatividad de un cantante, y es entender que cada movimiento puede tener una significación cultural. En *La exclusión* pude desarrollar esta cuestión en relación conceptual con lo que ahí se trabajaba, pero esto se podría extrapolar a cualquier concierto mío, por muy convencional que este parezca. Son aprendizajes que uno asume, y que lo acompañan hasta el final de sus días.

Entender el silencio y su resonar en la arquitectura puede ser otra cuestión que, gracias a la *performance,* la libre improvisación y trabajos como *Descendimiento,* de Carlos Marquerie, he podido desarrollar de forma más certera y ampliada. Por todo esto y muchas cosas más, el *Misteri d'Elx* está dentro de mi radar de intereses, eso sí, entendiéndolo no como pieza arqueológica, sino como base fundamental para comprender la escena contemporánea y así poder desplazarla hacia otros lugares.

MAF: Pienso ahora en todos estos aprendizajes que acabas de relatar, surgidos de tus experiencias en el ámbito de las artes escénicas, y me pregunto cómo consideras tú que estas cuestiones, aparentemente alejadas de «lo musical», han afectado, precisamente, a tu sonar; a tus formas de cantar, pero también de relacionarte con el sonido y sus escuchas.

NdE: Desde que empecé a trabajar con una mayor conciencia de la importancia y relevancia del cuerpo y su fisicidad en eso del cantar, me encontré con la fascinante posibilidad de modificar mis voces a partir de diferentes maneras de colocar el cuerpo, tanto en sus formas posturales como «preparándolas» con utensilios externos al más puro estilo Cage.

Desarrollando este tipo de relaciones que se establecían a lo largo de diferentes experimentaciones, me vi en la tesitura de que muchos de los sonidos que conseguía generar

tenían que ver con una activación y unas formas físicas muy concretas sin las cuales, y sin cuya repetición, sería difícil volver a este estado para poder de nuevo visitar esos sonidos anteriormente conseguidos. Esto provoca que mi performatividad gestual sea particular, y esté muy conectada con eso que entendemos como movimiento.

Todo ello ha generado en mi forma de estar cambios bastante radicales. Mi forma de afrontar un micrófono ya no es la misma, ni tampoco los diferentes focos de atención a la hora de proyectar o enfocar la fuente sonora que en este caso soy yo. Esto, unido a mis experiencias en las (mal llamadas) artes escénicas, hace que mi posición —entendida desde la idea de músico o artista sonoro— esté algo desplazada respecto a lo que se concibe convencionalmente.

Al ser una práctica tan asumida, es normal que la traslade a todo tipo de campo al cual me enfrento o me expongo. Ampliar la conciencia sonora es ampliar la escucha, y todo este tipo de compromiso hace que el gesto auditivo sea solo un primer paso —¡y qué gran e importante paso!— para, desde ahí, entender mucho mejor todas las posibilidades sonoras que tenemos a nuestro alcance. De ahí que cuando hable de la escucha intente que se entienda desde estos valores de conciencia amplios y complejos, y no tanto desde la melomanía sin pasión desmedida.

MAF: ¿Podrías identificar en qué momentos y de qué formas iniciaste esa labor de experimentación vocal?

NdE: De nuevo deberíamos enlazar lo que son mis experimentaciones más performativas con mis trabajos realizados en los estudios de grabación. Mis primeros acercamientos a la idea de entender el micrófono como un instrumento más, como un generador de «otras voces», fue la propuesta titulada *Vaconbacon, cantar las fuerzas,* junto a Bulos y Tanguerías, el dúo formado por mis queridos Raúl Cantizano y Santi Barber. Ese proceso intoxicó en cierta manera algunas de las formas vocales que se pueden escuchar en el disco *Voces del Extremo,* producido por el cantante y letrista de Pony Bravo, Daniel Alonso.

Por otra parte, mis experiencias con la libre improvisación también representan una de las bases que me han ayudado a ampliar horizontes en mi relación con el micrófono y sus posibilidades sonoras, ya que fui descubriendo (junto a las inestimables influencias de Val del Omar, Diamanda Galás, Blixa Bargeld, Mike Patton o Henri Chopin) otros sonidos de la voz, otras formas de comunicar.

A partir de ahí mi producción discográfica siempre ha estado atravesada por intereses en torno a la modificación de la voz, tanto electrónica como orgánica. Es verdad que en los directos se genera otro tipo de relación algo más performativa y evidente, pero a partir de la *Antología del cante flamenco heterodoxo* es cuando tomo un posicionamiento más rotundo y comprometido sobre la necesidad de desplazar la estética de mis voces fonográficas en cada trabajo que emprendo, llegando por ahora a su máxima expresión con el disco que tuve la suerte de compartir contigo a partir del archivo sonoro de Val del Omar, *La distan-*

55

cia entre el barro y la electrónica. Siete diferencias valdelo-marianas.

MAF: Quisiera preguntarte cómo escuchas, desde el ahora, las voces de Niño de Elche registradas en trabajos anteriores. Por ejemplo, se comparó tu proyecto Exquirla con el *Omega* de Enrique Morente y Lagartija Nick... Quizá este sea un lugar adecuado para reflexionar sobre estas influencias y cómo se ha enriquecido tu trabajo gracias a los aprendizajes derivados de las obras de otros artistas.

NdE: Uno de los grandes errores que se cometen cuando se intentan establecer relaciones entre mis trabajos y los que me preceden es que solamente se fijan en el campo del flamenco, y más concretamente en el territorio del cante. Siguen sin entender que para un artista nacido a finales del siglo XX y principios del XXI las influencias no se enmarcan en una disciplina concreta. Continúan —me refiero a la crítica musical y a gran parte del público que escucha de manera más convencional— con una idea muy conservadora a la hora de leer la Historia o las historias pasadas o ya ocurridas. En esa vaguedad se pierden muchos detalles, complejidades, paradojas y diferentes relieves que podrían ayudar a entender de mejor forma no tanto mi carrera artística, sino las formas de relación y las inquietudes que se despiertan a través de las prácticas artísticas.

En mi horizonte claro que están las referencias que apuntas, pero no fueron nunca determinantes como ejemplos para abordar según qué tipo de aventuras. Eso no quiere decir que no las haya tenido en cuenta, sino que pertenecen a un sinfín de otras muchas referencias que me han iluminado en mi transitar artístico. Por hablar de lo concreto, mi proyecto Exquirla, con el disco *Para quienes aún viven* (realizado junto a la banda Toundra), nace de mi profunda lectura de un libro eterno como es *La Marcha de 150.000.000* de mi querido y admirado poeta Enrique Falcón, así como de mis escuchas de bandas postpunk en mi época adolescente (en la que mis ánimos más depresivos y rabiosos hicieron gala por un tiempo). A partir de todo ello, y de la invitación de Toundra a colaborar con ellos, sentí —intuí— que esos textos estaban esperando la rabia melódica de una banda como la madrileña, con esa épica distorsionada, envolvente y tan contundente como la que encierra la poesía de Enrique Falcón. Después es lógico que las comparativas estuvieran en la línea de querer ver una analogía con el maravilloso trabajo de *Omega,* pero cualquiera que sepa y esté dispuesto a escuchar algo más allá del tópico y de la primera línea del prejuicio auditivo notará que son trabajos muy diferentes, en forma y espíritu.

Al igual que sucede con mis trabajos en relación con Val del Omar, las referencias en cuanto a su figura son escasas, pero si me encasillan comprensiblemente solo dentro del mundo del flamenco, el espectro se estrecha de manera muy evidente. Te reconozco que es una cuestión algo cansina estar explicando constantemente que este tipo de trabajos no se dan solo por una referencia concreta, sino que son resultado de muchos años de preproducción, de escuchar y asumir un interés que nace por algo y que poco a poco lo vas intentando entender hasta darle forma.

Por eso, todo este tipo de desarrollos me siguen acompañando en otros procesos, pertenecen a mi sensibilidad artística, y no solo como un intento estético de ampliar o establecer conexiones con el legado o imaginario cultural de cierto público vago y nada dado a exponerse mediante una escucha que le interpele y obligue a reconfigurar sus principios.

MAF: Creo que esta respuesta tuya nos ubica en una tesitura perfecta para, ahora sí, pensar juntos acerca de tus propuestas «a partir de» Val del Omar. Entre otras razones, porque es fácil imaginar que este artista granadino, nacido en 1904, tuvo que enfrentarse a diversas formas de incomprensión respecto a su trabajo, algunas de ellas muy parecidas, seguramente, a las que tú acabas de mencionar...

NdE: Mi malestar no se debe tanto a cierta incomprensión por parte del público con respecto a mis trabajos, pues como comentaba en alguna de tus preguntas anteriores, ese público es numeroso y de calidad. Mi tristeza está más relacionada con el campo de «lo musical» y de las artes escénicas, donde el trabajo y el esfuerzo que debemos desempeñar son mucho más costosos y correosos en comparación con muchos de mis compañeros, ya que al no enclavarse tan concretamente en el mundo de la convención del concierto o del espectáculo escénico, muchos de los programadores, ya sean de salas, teatros o festivales varios, son reticentes a abrirles sus puertas a mis propuestas por variadas excusas.

Tengo la sensación —y en algunas ocasiones así lo sé por el tipo de negociaciones que mi distribuidora aborda y a los que se enfrenta— de que muchas de ellas son realmente batallas no solamente estéticas, sino también políticas, entendiendo estas como territorio en el que cuestionar el planteamiento prejuicioso que tienen muchos festivales sobre sus públicos y lo que allí se pretende o se debe consumir. Por suerte, encontramos cada vez a más gestores culturales cómplices de la necesidad de seguir desplazando desde otras perspectivas estos cuadros tan establecidos.

Todo ello supone un trabajo lento, a veces incluso paranoico y desalentador, pero a su vez muy satisfactorio por presenciar y experimentar los cambios de superación por parte de todos, año tras año. Presiento que seguimos avanzando por un camino correcto en algunas cuestiones pero que aún queda mucho trabajo por realizar, y aquí es donde los gestores culturales y su formación profesional tienen un papel muy relevante.

Ojalá sigamos trabajando en pro de una cultura fuera de etiquetas disciplinarias y así no tengamos que lamentarnos en el futuro de artistas que no han encontrado hueco o espacio en las variadas programaciones de nuestro país. Si mi labor puede ser una más junto a tantas otras que sirvan para empujar en esas direcciones no lineales, creo que podré decir que valió la pena todo el esfuerzo realizado. Por Val del Omar y tantos otros, que así sea.

MAF: Retomando lo que lanzaba en mi anterior intervención, e intentando poner en perspectiva histórica todas estas dificultades que mencionas, el trabajo artístico de Val del Omar nos resulta, hoy, particularmente admirable.

Acabas de calificar como políticas esas batallas que un artista debe acometer. En este sentido, cuando uno piensa en un proyecto valdelomariano como el *Auto Sacramental Invisible* y en los problemas que su autor hubo de afrontar para que la obra se llegara a presentar en aquel grisáceo Instituto de Cultura Hispánica del Madrid de 1952, parece necesario reconsiderar esas críticas que cuestionan las afinidades ideológicas de Val del Omar y reducen su perfil al de un simple colaboracionista del régimen dictatorial de Franco.

NdE: El caso de Val del Omar es un buen ejemplo para seguir regocijándonos en las paradojas que se vivieron en España en el siglo xx y que hoy día aún nos preocupan. Un ser como Val del Omar, tan difícilmente catalogable, cuya trayectoria rompe cualquier esquema preconcebido en todo tipo de campo artístico —ya sea estético o político—, nos genera una serie de fascinantes interrogantes acerca del terreno que debemos cultivar para que de ahí surjan propuestas de tan alto calado y calibre.

La reivindicación de su figura nos puede ayudar a seguir superando una serie de prejuicios sobre las ideologías

—todas ya obsoletas— que volcamos hacia una serie de posicionamientos o compromisos artísticos que nada tienen que ver con sus realidades.

Es cierto que nuestra mochila de guerrillas culturales no ha dejado mucho espacio para el desarrollo de un sentido crítico amplio y nutritivo en gran parte de nuestra sociedad contemporánea, pero en toda esa complejidad siempre hay pequeños espacios de luz donde poder entablar ciertos discursos disruptivos y transgresores. Que aún su figura sea difícilmente asumida y digerida por la mayoría de los poderes políticos habla muy mal de nuestro estado actual en el territorio de lo cultural.

La incomodidad que genera una figura como la de Val del Omar debido a los prejuicios que bien apuntas en tu planteamiento nos habla de unas instituciones culturales españolas ancladas en cierto inmovilismo e infantilismo. A veces entiendo que pueda sonar algo enfermiza mi constante crítica esperanzadora a que se genere un tejido de gestoría cultural lo más independiente de la política partidista posible, pero creo que es la única solución a ciertos problemas estructurales en nuestro país.

Val del Omar puede encarnar todo ello más allá de su indudable y evidente genialidad creativa, pero su puesta en valor debe ir acompañada de su idea artístico-vital junto a su querencia por la pedagogía, entendida esta como la única revolución posible para la formación de una sociedad con la suficiente y empática sensibilidad hacia diferentes formas de ver la vida y, por ende, el arte.

MAF: Esa dimensión pedagógica, fundamental para comprender todos los planteamientos artísticos y vitales de Val del Omar, cobra hoy una especial vigencia. Sus reflexiones en este sentido, que evidentemente se beneficiaron de su temprana experiencia en las Misiones Pedagógicas de la Segunda República, sobre todo de su voluntad de transformar el imaginario simbólico de nuestro país, inciden en esa delgada línea que todavía hoy no nos atrevemos a pensar con nítida honradez: la que separa la educación de la propaganda.

Dado que en otros proyectos tuyos más recientes continúan manifestándose algunas preguntas acerca de la dimensión espiritual del arte, ¿en qué medida te siguen ocupando (y preocupando) estas cuestiones, y hasta qué punto están presentes el pensamiento y la poética de Val del Omar en tus reflexiones actuales sobre estos temas?

NdE: Como buen conocedor de la obra de Val del Omar que eres, has planteado esa problemática de manera muy clarividente (por lo menos para quienes entendemos esas luchas culturales que el bueno de Val del Omar emprendió sin éxito ninguno).

Soy consciente —dadas las circunstancias de la sociedad española en el siglo xx— de que el caldo de cultivo actual sigue algo intoxicado, por no decir envenenado, en relación con lo espiritual en el arte (¡Ay!, Kandinsky) y su importancia a la hora de pensar la educación, entendida como un acto revolucionario y emancipador.

Cuanto más pasa el tiempo, creo que más consigo comprender de qué va esta batalla cultural que, repito, se debe visualizar y focalizar sobre todo desde el ámbito de la educación y no tanto del espectáculo artístico. Ahí es cuando entran los factores de las paradojas y contradicciones; el amor que siento por utilizar la plataforma que me proporciona mi labor artística por algo más, más allá de lo espectacularizante o mesiánico que pueda parecer. Encontrar las conexiones (a veces casi imposibles) entre diferentes disciplinas o universos estéticos es algo a lo que me he aferrado en los últimos años desde un compromiso más consciente, pero que me ha venido acompañando en toda mi producción artística.

Cada día que pasa estoy más interesado en generar puentes, reconozco que a veces algo forzados, pero siempre con la mira puesta en esa forma de entender las artes con todo su poder de cambio y hermanamiento. Val del Omar lo logró gracias a que era un artista indisciplinar en el sentido de las etiquetas artísticas, y desde mi pequeña plataforma creo que he heredado ese espíritu que reina en algunos corazones a los que admiro.

Hasta hoy no he encontrado la mejor forma de dignificar nuestro ámbito artístico. Es verdad que desde sectores político-partidistas las maquinarias culturales se exponen como un valor económico a tener en cuenta para un futuro más próspero (y del cual no tengo ninguna duda que así es), pero muchas veces se abandona el verdadero motor que encierra todo esto y que no es más que el motor de lo educativo (reglado o no reglado, yo prefiero que sea lo menos reglado posible dada mi creencia en la escuela libre) como revolución de los cuerpos y sus espíritus.

Sin un público abierto a nuevas formas de relación y a la comprensión profunda de las ya dadas no conseguiremos nunca personas que reconozcan el valor de todo ello como agua vital de necesidad para cada una de ellas. Siento que Val del Omar en sus numerosas cartas dejó patente todo esto más allá de su genialidad estética e inventiva. Recoger ese ímpetu es también parte del proceso que llevamos a cabo. Esta conversación es un buen ejemplo de la pulsión de la que hablo.

MAF: Si partimos de una concepción del arte como medio de conocimiento, ¿existe una contradicción entre el tipo de conocimiento que, como parte del público, una persona puede extraer de uno de tus conciertos, por un lado (y por poner un ejemplo), y el que puede disfrutar quien lee (por poner otro ejemplo) uno de tus libros de poesía?

Para precisar el argumento, quizá se pueda pensar en casos tan aparentemente extremos como, por ejemplo, el proyecto *Fuerza Nueva,* junto a Los Planetas (con el que llevabais al escenario, recordemos, canciones como «El novio de la muerte», es decir, el himno de la Legión, cantado con su letra íntegra), y preguntarse si tú lanzas esas palabras con la misma «sinceridad» —soy consciente de lo problemático de este término— que aquellas que escribes en poemarios como *Llamadme Amparo, In memoriam: Posesiones de un exflamenco* o *Morbo legítimo.*

En este mismo sentido, y por acudir a una de tus propuestas artísticas más recientes, también la puesta en escena del concierto con el que has presentado el disco *Mausoleo de celebración, amor y muerte* puede fácilmente relacionarse con la imaginería característica de ciertos fascismos.

Cabría, en fin, retomar aquí el tono de la cuestión con la que se iniciaba este diálogo: ¿quién está detrás de cada una de estas actuaciones (ahora este término me parece aún más adecuado que el de *performances,* y no solo por evitar el anglicismo)? ¿Se trata de la misma persona, el mismo artista…?

NdE: Las reflexiones y preguntas que planteas en esta intervención me ayudan a repensar cuántas capas de sinceridad y mentira tiene un hombre, o un cuerpo, cuando se enclava en el mundo de la representación artística. Es una pregunta que me hago constantemente al dar por finalizado —que no acabado— cada proyecto artístico que activo o abordo. Como te decía anteriormente, a la hora de escribir, o en mis trabajos orales (como pueden ser la radio o las entrevistas), la sinceridad con la que me relaciono tiene que ver con algo que remite a mi biografía más personal. Eso siempre se suele leer como actos o gestos llenos de veracidad, pero todos los otros ejercicios que he realizado en el campo de lo fonográfico, a pesar de que son más conceptuales, también encierran parte de mis otras capas biográficas, aunque reconozco que es más difícil de percibir ya que las temáticas, los textos, los sonidos son más abstractos y menos autorales, que no personales.

Volviendo a la problemática de la identidad, si la entendemos como algo no inmóvil, son fácilmente entendibles mis diferentes estratos, los cuales entiendo que están más que conectados entre sí. Una buena imagen sería más que una cebolla que está cubierta por diferentes capas o ese símil tan manido que se utilizaba con el genial David Bowie sobre lo camaleónico; me siento más cercano a la idea que plantea el prefijo «trans», que esencialmente es aquello que atraviesa o es atravesado, y también lo que sobrepasa o que va de un lado a otro, o incluso el prefijo «ex» tan utilizado últimamente por mí casi para todo adjetivo del que quiera emprender una huida consciente.

Mis trabajos vocales me han servido para romper esa lógica del yo, de mi propia voz, de entenderla como una sola identidad, y precisamente ese cuerpo atravesado —parafraseando a nuestro admirado Bartolomé Ferrando— es lo que me ha dado y me sigue dando la clave para que a cada paso que doy —independientemente de la disciplina que surja en el proceso— mi conciencia artístico-vital esté tranquila por sincera, comprometida y consecuente con lo hecho o dicho. Esto, lógicamente, no significa que no sea autocrítico con ello o que cambie de parecer; precisamente la sinceridad la entiendo desde ahí, desde ese aprendizaje y su posterior exposición pública a modo de exorcismo catártico o catarsis exorcizada.

MAF: Hablas de tu cercanía respecto al concepto «trans», aludes al carácter «camaleónico» de Bowie… y en alguna ocasión has sido incluido en listas del tipo «Los 50 LGTBI más influyentes de España». ¿Quizá tu sexualidad también te ha ayudado a romper esa lógica que persigue «una sola identidad», tal y como acabas de mencionar en relación con tus trabajos vocales? ¿O incluso se podría considerar esa influencia en un sentido inverso, es decir, en una dirección que va desde tu experiencia musical hacia otros ámbitos?

NdE: Siempre he comentado que me he sentido más liberado (que no libre) como persona encima de un escenario (más que en mi vida privada, por así decirlo). El escenario, con todas sus máscaras —pero también con el sinfín de mecanismos que ofrece para poder profundizar en aspectos íntimos de uno mismo de forma más radical—, ha sido terreno muy fértil para ir contaminando, poco a poco, mis prácticas y experimentaciones cotidianas.

El espacio escénico (entendido no solo como el teatro, sino englobando también conferencias, entrevistas o todo tipo de manifestación pública) me ha servido como espacio de poder en el que sentirme algo más empoderado para, desde ahí, tener menos miedos a la hora de exponer ciertos temas impúdicos, o tabúes, en según qué contextos de nuestra sociedad.

En este ir de fuera hacia dentro podemos encontrar mis manifestaciones —incluso más marcadas públicamente que en mi terreno más personal— sobre la sexualidad, las drogas o algunos temas que moralmente siguen perteneciendo a fervientes debates en nuestra actualidad.

Y sí, la idea de la no identidad, de huir, de no entender la voz como elemento primordial del yo más particular, inamovible e indivisible y sí como un mecanismo de la mentira que nos ofrece poder jugar con las identidades en todo momento es algo que entronca de forma directa con todas mis experiencias con la sexualidad y el género como reacción ante todo tipo de ejercicio conservador que defienda la necesidad de generar constantemente etiquetas a modo de clasificación mercantil, gremial, política, moral o estética.

De ahí que el debate sobre la voz (o, mejor dicho, las voces —que es como a mí me gusta decir, por esto mismo de separar el yo identitario o esa idea tan nefasta de encontrar tu propia voz—) sea un debate que yo utilizo muy a menudo para plantear todas estas cuestiones con el anhelo de mostrar las posibilidades tan maravillosas que nos ofrecen las voces ya no solo como elemento sonoro y lingüístico, sino también como espacio reflexivo sobre todas las problemáticas en relación con las identidades, tanto de género o políticas como culturales en general.

MAF: Ese juego de máscaras que ofrece el escenario, y que efectivamente puede propiciar cierta liberación respecto a las otras caretas que solemos llevar en nuestra vida cotidiana, nos proyecta hacia el ámbito de la ficción. La posibilidad de crear personajes sin duda constituye uno de los mayores atractivos de la música pop-rock, y es algo que tú mismo ejercitas, de diversas maneras… ¿Puedes explicar cómo vives tú este tipo de procesos? ¿Hasta dónde consideras que podrás llevarlos (¡o, más bien, podrán llevarte!)?

NdE: Hace unos días leí un maravilloso librito titulado *La verdad de la mentira*, del filósofo francés Jean-Luc Nancy, que se refería al término «ficción» no como una verdadera mentira, sino que lo relacionaba desde su significado etimológico más enraizado con la idea de modelar o amasar una realidad. Actualmente me podría situar más cercano en término de grados a la idea que trabajaron y desarrollaron David Bowie y algunos otros, o sea, a una serie de personajes que están ligados de forma muy profunda a la persona que los interpreta y que van cambiando de forma e incluso de discurso tanto estético como político.

Creo que en mis trabajos fotográficos se puede ver de forma más clarividente ese acercamiento a la realización de personajes-modelos, de los cuales participo también de forma ideológica, y que de alguna forma son parte de mi construcción como sujeto político y artístico. He encarnado la figura de un cura, un antidisturbios, un cantaor, un sastre, un monje, un hombre gay ejerciendo el cruising, un pastillero, un loco científico, un historiador, un novio de boda, un tenista o un supuesto falangista. Todo ello pertenece a ese juego entre las tensiones del ámbito de la ficción, entendida tal y como te comentaba anteriormente.

Me gustaría resaltar que no hay que olvidar que tengo la suerte de llevar un apodo, el cual siempre es más fácil de dinamitar que tu propio nombre de pila; de ahí que la referencia a esa idea de moldear o amasar, según el contexto y la apetencia, me sea muy cómoda para poder explicar ese sentido de ficción que contiene todo tipo de expresión artística y no tan artística. Intuyo que al final seguimos preguntándonos sobre esos debates que tanto nos apasionan como arte-vida o mentira-verdad, ¿no?

MAF: Absolutamente. Creo, además, que esta es una cuestión peculiarmente descriptiva de nuestro tiempo. No me parece casual que muchas de las referencias artísticas y filosóficas que han aparecido en las últimas intervenciones se refieran a la década de los años setenta del pasado siglo —también fue entonces cuando emergió, en la escena filosófica, Jean-Luc Nancy. Es un periodo que parecemos añorar desde nuestro presente, y quizás ello tenga que ver con cierto modo de concebir esos relatos ficcionales, y hasta utópicos, que proliferaron en aquellos años: se entendieron como manifestaciones de una determinada forma de entender la libertad.

Si nuestro siglo nació con un ataque directo a la distinción entre realidad y ficción (las imágenes de los atentados contra las Torres Gemelas parecían tomadas de una película vista ya mil veces en el cine estadounidense), lo que venimos presenciando en esta última década ha continuado en esa senda que, como preconizaba el movimiento Fluxus en aquellos años setenta, funde y confunde el arte con la vida, la ficción con la realidad y —aquí vendría la novedad— la mentira con la verdad.

Lo que hace medio siglo aspiraba a ser divertido, liberador o jovial ahora se ha tornado triste y peligroso. Seguramente Donald Trump represente mejor que nadie todo esto. Pero también es el caso de los personajes vinculados a las mentiras que condujeron al Brexit. En España, por desgracia, tampoco hemos sido ajenos a esas tendencias… Y, por supuesto, las llamadas *fake news* (en estrechísima relación con todos los fenómenos políticos antes mencionados, así como con el auge de las redes sociales) igualmente parecen caracterizar nuestro momento histórico.

¿Qué sensaciones te despiertan todos estos acontecimientos y personajes, tan representativos de nuestra contemporaneidad? ¿Percibes algunos riesgos, en relación con estos temas, en tu peculiar forma de presentarte a través de las redes sociales?

NdE: Coincido contigo en que las variadas fuentes artísticas del siglo pasado me siguen pareciendo más inspiradoras y nutritivas al lado de las más actuales o de más actualidad. Cuando han tenido la valentía y desfachatez de catalogarme como artista de vanguardia o del futuro, siempre les he espetado que mi propuesta artística nada tiene que ver con esas pretensiones. Que «vanguardia» o «vanguardista» lo entiendo ya como un movimiento de principios del siglo xx del cual beber e inspirarme, al igual que «del futuro» lo entiendo también como aquellos futuristas que generaron un sinfín de maneras de abordar la práctica artística y su discurso más progresista y no como el arte del tiempo venidero. Si sus etiquetas emergen de ahí, puedo entenderlas e incluso compartirlas —y sentirme reflejado—, pero si se postulan desde la idea de «ir por delante», me niego a entrar en ese tipo de juego más periodístico que artístico.

Sin duda alguna creo que este interés por aquellos años y movimientos nace de lo que tú bien apuntas, de esas diferentes formas —tanto estéticas como políticas— que marcaban líneas disruptivas ante o contra cualquier convención que se intentaba instalar por parte de los poderes reinantes del momento. El abordar la práctica y lo político que conllevan esos tipos de gestos anárquicos, reaccionarios, transgresores, lúdicos, irónicos o violentos es lo que personalmente me sigue fascinando.

Como comprenderás —y me consta que sabes bien—, no es esto un intento de ejercicio nostálgico, ni mucho menos, sobre la idea de que aquellos años fueron mejores. Más bien supone un interés por retomar ciertas actitudes dentro de nuevos contextos para que en nuestra contemporaneidad se vea aún más reflejada.

Entiendo que, por desgracia, ya podemos hablar más de certeza que de riesgo en relación con la libertad creativa. Vivimos (y esto personalmente me fascina) en una época muy contradictoria y paradójica en cuanto a las libertades individuales y colectivas. La moral de la mayoría, o la que dicta el Estado con su partido político de turno, se impone en muchas ocasiones a la moral personal de cada cual. Pero también es justo y necesario decir que a ese encorsetamiento discursivo al que estamos expuestos y sumergidos actualmente le salen grietas que hacen de maceta perfecta para que nazca alguna flor de esperanza.

Es cierto que uno siempre anhela más propuestas entendidas como radicales para intentar salir del estado de espera que es la anteriormente citada esperanza, pero me siento profundamente un humanista que cree en el prójimo, y cada vez más a menudo salen de mi boca palabras de gratitud a aquellos que son capaces de mantener un compromiso con el querer habitar esa grieta con todo lo difícil y duro que puede llegar a ser.

No me gustaría que este amor hacia esas ciertas posturas se confundiese o malentendiera con el llamado arte político. Precisamente si pienso y agradezco tanto esas posturas de compromiso artístico es porque llegué a experimentar que el arte político más militante —y, por ende, limitante— nos ayudaba en poco o en nada a construir nuevas realidades si no se repensaba desde lo estético como arma real de cambio.

En ese alejamiento de postulados estancos es donde aún hay mucha batalla cultural que librar. Las redes sociales son buen ejemplo de cómo se da la paradoja de que en un mundo donde las ideologías y las posturas políticas solo tienen diferencias de grado, más que de postulados fehacientes, parece (y así se quiere dar a entender tanto en la política más oficial como en la más cotidiana o civil) que el mundo vive en una eterna división irreconciliable. Solo señalar esta contradicción ya te convierte en punto de mira de las críticas más feroces y prejuiciosas, cuando nos deberíamos alegrar de que así sea si lo analizamos desde un alma socialdemócrata como la que tenemos todos.

MAF: ¿No crees que las ideologías y las posturas políticas que defienden ese tipo de premisas —siquiera dentro del marco de una economía capitalista— sí se diferencian, en términos sustantivos, respecto de otras que abogan por una presunta libertad individual amparada principalmente por los mercados y sus dinámicas?

NdE: Como indicaba anteriormente, a mi parecer son diferencias de grado pero no de postulados ideológicos. Los grandes posicionamientos sistémicos están más que consensuados, por lo menos por lo que a la Unión Europea se refiere. Y, si nos centramos en España, más de lo mismo. Algunos más conservadores, otros más liberales, otros más proteccionistas, incluso nacionalistas e independentistas, el marco donde se mueven es la socialdemocracia reinante que se estableció después de la Segunda Guerra Mundial.

Hay veces que añadiría a mi anterior frase un «por desgracia» y otras un «por suerte»; he ahí la paradójica contradicción a la que nos enfrentamos en un mundo deshabitado por los posicionamientos ideológicos que marcaban algunas diferencias más notables, aunque, visto con distancia, no eran tales como siempre se ha dado a pensar.

Es curioso cómo, si analizamos los diferentes apartados que planteaba el manifiesto comunista, en su mayoría con el paso del tiempo se han visto cumplidos, pero a nadie se le ocurriría decir que estamos cerca del ideario comunista, ¿no? Ni qué decir si analizamos ciertos postulados sociales que siempre defendió el anarquismo, y que hoy se ven cumplidos, como ya nos recordaba en los años ochenta la gran Federica Montseny. Igualmente, ciertas ideas sociales que han pertenecido a idearios más fascistas también ven su eco en las diferentes normatividades o conductas de ciertos países, así como en algunas de sus leyes. Pero todas estas cuestiones, siempre interesantes y sugerentes para el análisis, están bajo el complejo paraguas de las socialdemocracias europeas actuales, repito, en sus diferentes grados.

Y es que, si analizamos más allá de los discursos, más allá de esos gritos en el cielo o en los medios de comunicación que dan desde las plataformas más mediáticas los diferentes líderes políticos y sociales, sus actos en la tierra no difieren tanto los unos de los otros como pretenden aparentar. Por eso mi comentario nada tiene que ver con una opinión inamovible sobre lo que sería mejor o peor actualmente, aunque tengo mis objeciones, siempre muy críticas y pretendidamente constructivas sobre todo ante las tensiones que existen y que son evidentes entre el poder del Estado (que no lo público) y la intromisión en las libertades individuales que este ejerce hacia la vida íntima de las personas.

Por lo demás, creo que el terreno que nos afecta de forma directa en el mundo del arte es una batalla cultural que nos exige tener una mirada crítica muy entrenada más allá de los discursos de los variados movimientos partidistas. O, por decirlo a través de lo escrito por San Mateo: «Guardaos de los falsos profetas, que vienen a vosotros con vestidos de ovejas, pero por dentro son lobos rapaces. Por sus frutos los conoceréis».

MAF: Subrayaría, de entre estas últimas palabras tuyas, esos efectos que cotidianamente propician los medios de comunicación. Un perfecto ejemplo de ese tipo de asuntos de los que nunca «toca» hablar seriamente son aquellos relacionados, de manera profunda, con las políticas culturales. ¿Qué sensaciones te despierta esta estrategia político-mediática, que tan eficazmente está consiguiendo borrar la memoria de un tiempo —no tan lejano— en el que, incluso en un país como España, los poderes públicos se sentían obligados a apoyar decididamente a unos músicos cuyo trabajo no conocía casi nadie, ni generaba el más exiguo rendimiento económico, pero se consideraba importante, y hasta necesario?

NdE: A mi parecer, uno de los dramas contemporáneos —también derivado de la inmediatez en la que estamos sumergidos por nuestras características sociológicas, desarrolladas a través de ciertas tecnologías sociales— es que el margen o marco de actualidad es cada vez más estrecho. Supuestamente, y *a priori* (en un estado de cosas donde lo actual es cada vez más fugaz), deberían darse contenidos más numerosos y variados para llenar de contenido ese mayor espacio-tiempo que se queda libre o, en el peor de los casos, vacío. Pero, paradójicamente, ocurre todo lo contrario: los contenidos de actualidad se concentran en focos muy concretos por lo que a temática y estética se refiere.

Esto nos demuestra que las plataformas —ya sean privadas o estatales— encargadas de dar a conocer contenidos culturales mantienen un pulso con gran parte de la realidad cultural existente, mutilando las posibilidades emancipadoras que esta nos ofrece. Sin duda alguna creo que la motivación de querer presentar el mundo de lo cultural como algo evidente y nada complejo pertenece a políticas de control y de desarme intelectual en el terreno de lo político que nos deben seguir poniendo alerta ante la que a mí me parece supone la gran lucha a la que nos enfrentamos hoy día, y es en esa batalla cultural constante donde uno ya no sabe cuáles son sus cómplices (una batalla en la que todos, en cierta medida, y con sus diferencias de grado o matiz, tienen o tenemos parte de responsabilidad).

Es cierto que en años pasados hubo hitos como el que hace unos meses recordabas en Ars Sonora, los Encuentros de Pamplona. Es necesario reivindicarlos, no tanto por una cuestión de justicia histórica —que también—, sino como referentes a tener en cuenta para saber qué otros mundos han sido posibles (y que tal vez no estamos tan alejados de poder conseguirlos de nuevo, e incluso mejorarlos).

No dejo de reconocer que una de las cosas que más me fascina de mi labor artística en relación con la posición que ocupo en el campo del arte español es esa tensión constante entre incomodidad y acogida que experimento ante los medios de comunicación, las programaciones culturales venideras de diferentes instituciones (tanto estatales como privadas), así como ante los indefinidos públicos existentes a los que me enfrento.

Mis variadas propuestas se recolocan constantemente en este mar tan variable (y algunas veces tan invariable) del foco de atención donde sigo aún sin saber o reconocer a qué se deben ciertos intereses por ellas, por muy experimentales que estas puedan llegar a ser o parecer. Cada vez tengo más claro que mi batalla cultural tiene que ver con esta cuestión, siendo perfectamente consciente de todos los riesgos laborales y políticos que conlleva todo ello en el caldo o terreno de cultivo que tan bien radiografiabas en tu anterior exposición.

Esa evidente erosión en ciertas políticas culturales (que hoy día son difíciles de imaginar en el estado de cosas que habitamos) es corresponsabilidad de todos (de algunos más que de otros), y el mercado debe ser un espacio más donde operen otro tipo de lógicas más comerciales, si se quiere decir así, aunque repito: desde mi experiencia personal puedo decir que he tenido diferentes situaciones que hablarían muy bien tanto del ámbito estatal como del privado, porque sigo pensando que son dos maneras de entender las políticas culturales que pueden coexistir, o, mejor dicho, son dos maneras que se necesitan la una a la otra. Tal vez esta sea mi pátina más liberal en cuanto al funcionamiento de las políticas culturales en relación con el Estado y lo público, pero creo firmemente en esa conjunción, ya que donde se ha dado de maneras respetuosas se han conseguido grandes logros.

Quien defienda un poder cultural manejado exclusivamente desde los poderes del Estado, o una cultura a expensas solamente de los intereses y tendencias mercantiles de las masas, creo que estará equivocado, primero porque la realidad nos lleva a una complejización de las relaciones entre estos supuestos posicionamientos y, segundo, porque son posturas que nada tienen que ver con las ideas integradoras y de aunar esfuerzos en las que creo firmemente.

De ahí que mi opinión —más política que artística— sobre ciertos personajes no sea del todo positiva, ya que representan la peor cara de «lo estatal» en cuanto a cultura y control se refiere. Sus historias deben ser conocidas para entender los posibles peligros a los que nos enfrentamos —sobre todo cuando defendemos lo público o lo institucional—, ya que han existido realidades de las que aprender y reflexionar, como bien has hecho tú de forma crítica en ese tan necesario libro de conversaciones con Luis de Pablo.

Durante la historia cultural artística más reciente en España, y si ampliamos la mirada con la que observaba Luis de Pablo (u otros), que a mi entender son unas miras muy reduccionistas, podemos encontrar casos como el que hemos citado de Pamplona, o programas televisivos como *La Bola de Cristal, La edad de oro* o *Cantares,* nacidos de la televisión pública, así como bandas de rock o *indie* alimentadas y programadas primero por ayuntamientos de pueblo y más tarde por red de salas de concierto privadas. O qué sería del mundo y la escena de la música electrónica sin muchos de los festivales privados de los que hoy día disfrutamos en nuestro país, y que son los que programan y dan a conocer parte de esa realidad, o cómo agradecer en cierta manera el apoyo que ha recibido el flamenco o gran parte del folclore por parte de numerosas instituciones estatales.

Creo que tenemos muchos referentes para aprender de ellos y saber qué errores se cometieron y qué logros se alcanzaron. Pero no desecharía todo lo heredado, si bien siempre con el hábito crítico y por ende autocrítico (y no tanto criticón). A fin de cuentas, creo que el debate sobre cómo fomentar, ampliar y desarrollar ese apoyo decidido que se daba con ciertas propuestas —por diferentes y paradójicos motivos, y con ese cúmulo de razones muchas veces venidas más de casualidades personales que de un programa pensado y desarrollado a conciencia desde los poderes estatales— reside en la sempiterna controversia sobre educación que, como bien sabemos, en nuestro país sigue siendo asignatura más que pendiente, urgente. Y no hablo solo de una educación reglada —yo mismo soy uno de los fracasos de ese tipo de educación—, sino más bien de una educación entendida, como su etimología nos recuerda, como acto de guiar, extraer, nutrir o criar. Nuestra amistad es un buen ejemplo de ello.

MAF: También para mí, desde luego, esta amistad representa un continuo y desafiante aprendizaje, que además manifiesta la facilidad con la que se pueden encontrar puntos de encuentro pese a que cada uno provengamos de lugares y tradiciones aparentemente muy distantes. En este sentido, no podría estar más de acuerdo contigo en esa atinada lectura del libro sobre Luis de Pablo.

En este punto, creo que es pertinente recordar aquí algunos capítulos de nuestra historia reciente porque se conectan con otras reflexiones surgidas en momentos previos de esta conversación, cuando nos interrogábamos acerca de las causas de esa tosquedad discursiva que sigue caracterizando al pop-rock en España. Como es sabido, las desorbitadas cantidades que aquellos ayuntamientos presuntamente socialistas pagaban a los grupos de La Movida impidieron que en España pudiera surgir un sano tejido empresarial de salas, promotores, etc., ya que para esos agentes privados resultaba imposible competir con los cheques emanados de las populistas arcas municipales.

Así, ciertas bandas recibían unas desproporcionadas cantidades de dinero público. Y, por otro lado, otras propuestas se quedaron en una tierra de nadie entre las «músicas populares» y la «música contemporánea». Entre las líneas estéticas minoritarias que ya entonces quedaron huérfanas de apoyo estatal (como ciertas formas de rock experimental, de *free jazz*, o propuestas basadas en la renovación de algunos repertorios folclóricos) deberían destacarse las diferentes aproximaciones al minimalismo que florecieron en esos primeros años ochenta, pero que nunca consiguieron desarrollarse. Existen, claro, excepciones, como Carles Santos, Llorenç Barber o Eduardo Polonio. Pero la mayor parte de los músicos que tenían cosas que decir y que aportar, más allá de los discursos irreflexivamente hedonistas y aparentemente anárquicos (pero realmente neoliberales) que se repetían en programas como el de Paloma Chamorro tuvieron que dedicarse a otras cosas.

Menciono aquí todo esto no solo para expresar mi total acuerdo con tus comentarios acerca de los nocivos efectos que pueden derivarse, dentro de una economía de mercado, de una situación monopolística por parte de las instituciones estatales, sino también porque creo que figuras como las que se acaban de mencionar han resultado importantes en tu evolución como artista, pese a la marginalidad cultural a la que han sido maliciosamente relegados.

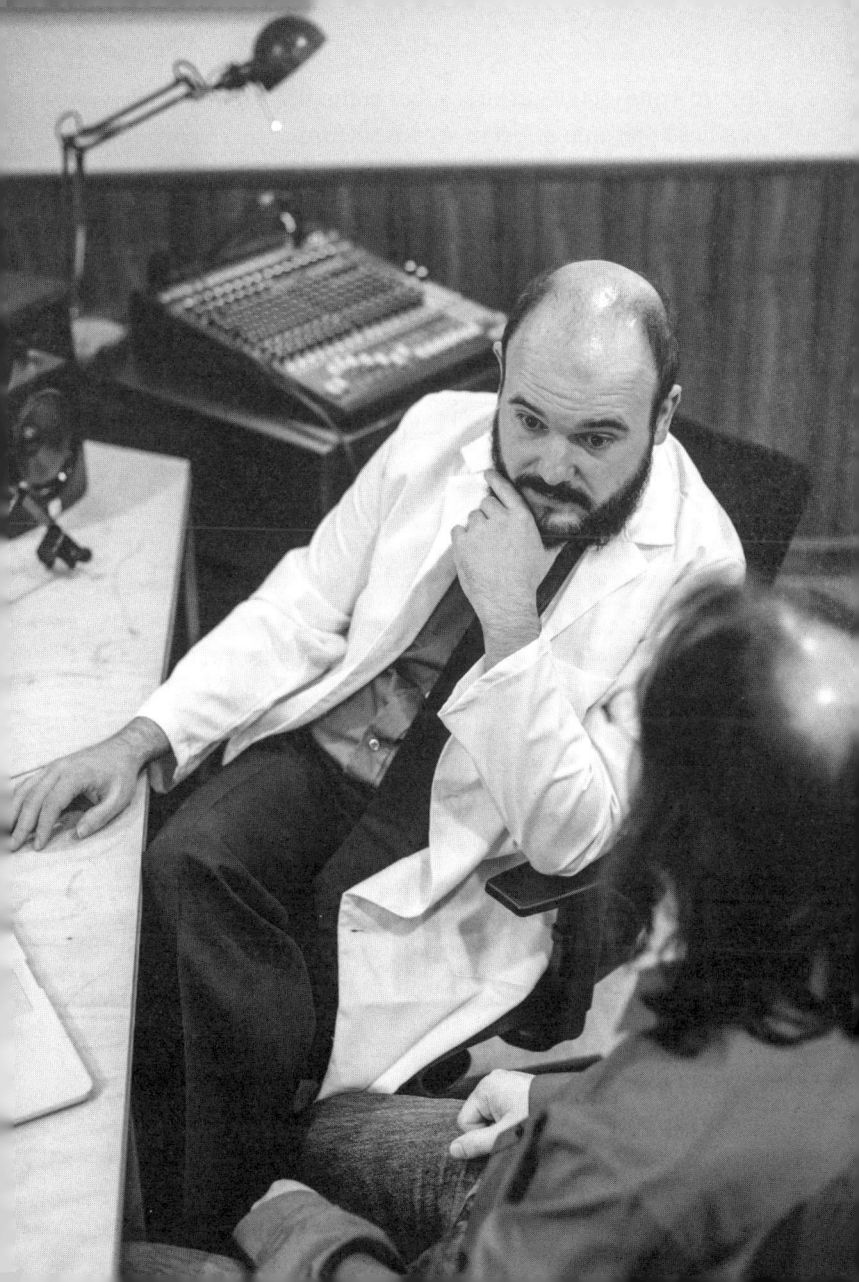

En este sentido, me gustaría saber cómo llegaste hasta ellos, y cuáles crees que podrían ser los mejores cauces para que artistas más jóvenes pudieran conocer el trabajo de esos y otros autores similares.

NdE: La problemática complejidad a la que nos enfrentamos cuando intentamos asignarle un adjetivo político a ciertas actitudes dentro del marco artístico, entendido este en toda su amplitud y profundidad, me lleva a pensar que, tal vez, el foco de análisis pueda ser otro, y no tanto basarnos en las ideas que se han planteado desde ideologías políticas más clásicas que, a decir verdad, poco nos han ayudado a entender las paradojas con las que el arte y los artistas abordan o pueden abordar la realidad o las realidades.

Cuando sacamos a relucir en el debate ciertos adjetivos —a mi entender mal utilizados y por ello algo manidos—, siempre con la intención de aclarar con las mejores intenciones la discusión o el diálogo, a fin de cuentas lo que se termina consiguiendo es emborronar y desplazar los posibles análisis beneficiosos que puedan surgir hacia prejuicios personales que se encallan sin aparente solución de cura.

Tenemos experiencias de las cuales aprender en las que artistas que no han disfrutado del respaldo de un determinado público para que su labor fuera mínimamente rentable y vital han tenido que ser apoyados de forma férrea por las instituciones estatales (y menos mal), y otros que han tenido que ser financiados por empresas pertenecientes al libre mercado (y menos mal). Recuerdo una conversación con

Albert Boadella donde él defendía beligerantemente que los artistas solo vivieran de lo que generaban de forma directa. Que no cobraran de los fondos públicos y que sus ingresos fueran directamente de las taquillas, la venta de discos o *merchandising*. Su utopía liberal lo llevaba a obviar el actual estado de cosas en el que vivimos, más allá de ser incapaz de analizar de forma constructiva lo bueno que han tenido ciertas actitudes y decisiones de grandes agentes culturales desde muchas instituciones estatales y de las que la mayoría somos hijos, no digamos él.

Esa salvaguarda hay que reconocerla y agradecerla desde la honestidad, porque esa gestión tan política y valiente, por muy reformista que la podamos catalogar, ha sido crucial para personas como yo, alejadas o expulsadas del mundo académico de la educación pública o reglada. Pero, ampliando el arco de gratitud, también habría que agradecer todo el épico esfuerzo que hacen las innumerables empresas privadas —o el campo asociativo, desde diferentes ámbitos— proponiendo con un riesgo altísimo espacios y apoyos a artistas y movimientos que sin su ayuda no existirían.

Ante esta encrucijada nos citamos muchos huérfanos, y, personalmente, sigo sin saber cuál es el camino correcto, si es que lo hubiera. Aquí hay que apelar —aunque no de forma absoluta— a la responsabilidad individual, a esa que te lleva a querer compartir espacios con tus diferentes para seguir superando prejuicios; esa responsabilidad individual que alimenta la curiosidad y hace que busques más allá de tus fronteras; una necesidad que puede ser alimentada pero si tu boca está abierta; esa responsabilidad individual que logra que te sigas cuestionando lo que te rodea, aupado por otras experiencias que te recuerdan que no estás solo; esa responsabilidad individual que es colectiva, porque ya sabemos que el hombre solo no existe.

Desde ese ímpetu a veces doloroso es como creo que debe funcionar el motor artístico para poder llegar a conocer o reconocer a seres que respiran por tu misma nariz pero con ritmos diferentes. Entre esos seres cuento lógicamente con los que mencionabas y un sinfín más que nos muestran también los errores (más allá de sus comprensibles y razonables verdades) que no debemos cometer para no caer en un nihilismo épico que no aporta nada y que, además, va en contra de nuestros principios sociales como fieles creyentes en el arte como la gran herramienta emancipadora y de cambio a la que el hombre tiene acceso.

MAF: Alumbras, con tus palabras, la sempiterna tensión entre el individuo y la sociedad, entre lo singular y lo colectivo...

NdE: De ahí, desde ese límite, desde esa presión y algunas veces opresión, es difícil en muchas ocasiones desarrollar en parte un trabajo crítico, pero no es menos cierto que esa zona cero o territorio de nadie —pero a la vez de todos— nos hace seguir replanteando ciertas formas de relación, lógicamente desarrolladas respetuosamente con el conocimiento y el aprendizaje de las historias que nos han precedido.

Por eso me parecen de una simpleza y vaga postura esas posiciones ideológicas que se pretenden desarrollar desde un arte supuestamente político o, mejor dicho, ideológico. De ahí que, como comentábamos en otro momento de nuestra conversación, esas posturas me parezcan casi ridículas. Por desgracia en el territorio cultural podemos encontrar algunos ejemplos más sobre cómo ciertos artistas entran en una espiral guiada por intereses que nada tienen que ver con un verdadero compromiso artístico, entendiendo este término en toda su radicalidad (obligados juntos).

Esa tensión entre el individuo y la sociedad que se plantea de forma tan flagrante desde la práctica y realidad laboral artística es siempre compleja de verbalizar y transmitir en otros foros. Es un tema que me resulta muy sugerente y atractivo por lo complejo y contradictorio que supone, comparado con otras realidades políticas y laborales. De ahí que mi discurso no tenga un posicionamiento muy claro sobre lo que se debería hacer.

Todo esto me ha generado una serie de perspicacias, inteligencias o formas de relación, quién sabe, muy variables y variadas que guardan relación con esa idea de la grieta, del aprovechar o tal vez del aprovecharse del estado de cosas por lo que a la política se refiere. La verdad sea dicha que sigo buceando en ese mar apasionante de la supervivencia no solo económica, sino también disciplinaria y estética. Volvemos a la batalla cultural más relevante, la de la estética y sus ecos. Pero lo que sí tengo claro —y esto tal vez sean los rescoldos que dejó el anarcocomunismo en mí— es que esa idea de lo colectivo y lo creativo es algo que está muy presente en la práctica artística de forma muy evidente.

De ahí que sea muy crítico con los posicionamientos utópicos en relación con el desarrollo del artista desde un sentido plenamente liberal o comunista. Otra cuestión sería si abordáramos solamente el estrato de lo mercantil, de lo comercial; donde, sin duda alguna, la visión liberal en los modos de relación tanto económica como funcional es evidentemente necesaria, forma parte de su hacer más directo, del que no podemos prescindir para entender de forma clara y concisa cómo funciona eso del arte y sus ramificaciones.

Toda etiqueta es problemática más allá de sus logros económicos, y esto nos debe poner en alerta cuando intentamos defender ciertas posturas en relación con ellas, llámense arte sonoro, libre improvisación o *world music*.

Esta mirada que siempre he tenido y que creo que aún mantengo de forastero, por muy en el campo del flamenco que me coloquen, hace que mi acción no se vea tan intoxicada por ciertas batallas que vistas desde mi prisma, son a veces corrillos de vecinas malhumoradas o hambrientas de sexo del guapo de la calle, que en este caso sería la institución de turno. La triste precariedad en muchas ocasiones hace de esa red colectiva —algunas veces ficcionada— un espacio más cercano a un circo romano. Es lícito y comprensible que esta visión se pueda tildar de poco comprometida o equidistante con ciertas batallas, pero precisamente lo comprometido para mí es mostrar que otros caminos son posibles y que el despojarse de ciertas ideas y nostalgias hace más beneficio a la comunidad que encallarse en ideas que, más allá de sus beneficiarios, a pocos más interesan.

Ahora bien... ¿Qué hacer? ¿O qué no hacer? Como te dije anteriormente, sigo en ese campo de dudas y experimentación más preocupado con el qué decir y el dónde que con el cómo. Pero todo ese orden de intereses también depende del contexto y la situación. Es una especie de compromiso con los cambios y sus urgencias. Verbalizar esto me sigue siendo harto complicado, porque no depende solo de mí ni de lo que yo *a priori* piense u opine, sino que la situación en muchas ocasiones nos allana el camino y la luz del entendimiento. Eso sí, nunca solo, nunca pretendidamente solo.

Todo esto pertenece al campo de la sensibilidad y su revolución, también de la ampliación del gusto y por supuesto de la escucha. Sin ese ejercicio nada puede suceder. Preguntarse, más que contestarse, pero también ir reconociendo la medida de los cuestionamientos, ya que te puedes juntar con miles de preguntas y por ende con miles de respuestas. «Hacer» es un buen verbo, pero es un hacer nunca solitario. Todo humano guarda una fragancia natural. Ya habrá alguien que la siga o intente desarrollarla. Tal vez sea todo cuestión de seguir creando una estrategia del saber mostrar y seducir. Qué bonito verbo, «seducir», ¿eh?

MAF: Terminas esta última intervención aludiendo al verbo «seducir», efectivamente tan bonito... como peligroso, ¿no? Se trata, ciertamente, de una posibilidad de relación entre dos individuos y, por extensión, entre el individuo y la sociedad. En este sentido, no sé si desde el flamenco ese concepto de seducción (tan próximo —pienso yo— al del «embrujo»), desempeña para ti un papel relevante, y me pregunto si esos procesos operan en tu trabajo de manera diferente dependiendo del planteamiento o el formato propio de cada proyecto. ¿Qué piensas sobre todo esto?

NdE: Sin duda, si nos referimos al verbo «seducir» como al acto persuasivo, difícilmente encontraremos alguna connotación positiva, pero si hacemos el ejercicio de abordarlo desde las ideas de fascinación, deslumbramiento o atractivo, tal vez podamos entender lo benévolo de un término siempre lleno de sensualidad. La tensión entre concierto, disco e instalación sonora es latente aún en la mayoría de instituciones y públicos actuales. Cada vez que abordo una invitación para realizar un trabajo *ad hoc,* surgen las alarmas acerca de qué etiqueta colocarle para presentar el proyecto dentro de los márgenes establecidos. Es una problemática que me encuentro muy a menudo, y con la que tengo que trabajar mucho. Digo trabajar mucho porque creo que parte de mi labor está siendo desempeñada en ese territorio casi de tortura.

En ese mar de miedos, prejuicios o reparos, pero también de valentías y ganas de superar espacios convencionales por parte de ciertos gestores culturales o políticos, he ido desarrollando una serie de herramientas —no solo artísticas, sino también sociológicas y discursivas— que me siguen ayudando a entender (y entenderme) para así poder explicar mejor mis diferentes posiciones ante la práctica artística y su espacio a habitar en cada momento.

Reconozco que el arte sibilino del embrujo es muy sugerente si partes desde postulados del flamenco más romántico, y no seré yo quien niegue que en algún momento lo he utilizado como arma de encanto... Pero con el tiempo entendí el espacio creativo y de formación personal que se me abría al denotar esa falta aún de reflexión (al menos por parte de artistas que podemos ser catalogados como populares), y la relación de estos con el entramado cultural español. Por eso hasta ahora podría llegar a una pequeña conclusión tomada como una estación más dentro del proceso, y es que el mayor ejemplo para seducir y así convencer a aquel que está lleno de dudas y miedos (sea para el desarrollo de un concierto, disco, *performance* o instalación sonora) es primero la empatía como base de toda acción en favor de todos, y a partir de ahí entender el compromiso que uno tiene con cada hacer por muy diferente que este sea.

Todo ello se manifiesta con un desarrollo en el pensamiento y la formación intelectual que requiera cada espacio cultural, y sobre todo con entender el respeto que se merece todo proceso artístico tanto por ellos como por uno mismo. De ahí que —volviendo al verbo «seducir»— un proceso resulte manifiestamente satisfactorio cuando pasas de esos primeros tanteos casi anecdóticos de la seducción y sus diferentes relatos a un convencimiento personal de que aquello era lo que debías hacer, y que la relación establecida se ha armonizado con el fin único de que la propuesta llegue a un mejor puerto.

MAF: Quisiera, cerrando este diálogo, preguntarte acerca de los últimos —o, quizás más bien, los primeros— destinatarios de esos procesos de «seducción»: esos públicos que ya hemos acordado mencionar en plural. Sería interesante saber, en fin, cómo de importante es para ti esa imagen —siempre abstracta y difusa— que intenta representar a las personas que siguen tu trabajo, si ese dibujo ha ido (o sigue) cambiando, conforme tu carrera artística evoluciona, y —en última instancia— cómo esperas (o incluso deseas) que esa imagen cambie en el futuro...

NdE: Decía un famoso torero que el público es la muerte, y en cierta forma podría tener algo de razón en dicha afirmación. Y digo esto porque si uno pretende obtener del público —o, en mi caso, de los públicos— un fiel reflejo tanto de sus intereses como de sus inquietudes, ahí es cuando, seguramente, ese tipo de muertes simbólicas van llegando.

Las expectativas ante algo tan complejo como las formas de relación sociales ante la representación teatral son siempre difíciles de atajar o abordar. En ellas se dan todas las violencias del mundo. Son, verdaderamente, una representación de las lógicas humanas; de ahí que me parezca el rito más completo y complejo al que podamos acceder. Dadas estas circunstancias, siempre he pretendido mantener una cierta distancia con la gente que pueda seguir mi trabajo, ya que, al ser tan cambiantes mis pareceres estéticos e incluso ideológicos, he sufrido todo tipo de incomprensión, pero también de excesivos fanatismos de comprensión.

Es verdad que cada vez me encuentro a más gente que es capaz de seguir las diferentes facetas y labores en las que me sumerjo, pero es el mínimo porcentaje quienes lo conforman. En muchas ocasiones mi labor ya no reside en intentar que conozcan mi nuevo o último trabajo, sino en que reconozcan desde dónde los abordo, cuáles son mis intereses y navegaciones al respecto. Esa labor, casi pedagógica, muchas veces se ve truncada porque en España no tenemos muchos referentes en el campo de la heterodoxia musical o escénica.

Los públicos nos agarramos a donde podemos, y siempre he entendido la necesidad desde el lugar que he habitado u ocupado como artista en cada momento; la necesidad de compartir y completar mi discurso con otro tipo de disciplinas que acompañen y hagan más rica una forma de ver el mundo, siempre entendida esta como sensiblemente voluble.

La formación artística —y me atrevería a decir que vital— tiene que ver con todo ello, ese mostrarse vulnerable y frágil ante el cambio, compartir ante seres sintientes la complejidad de los procesos creativos en el campo del arte, reconocer que toda mirada es partícipe de este tipo de transformación o metamorfosis más allá de la comprensión (o no) que uno pueda obtener.

Volviendo al principio de mi contestación, si el público es la muerte —porque en él se concentran las pasiones del ser—, tal vez el suicidio artístico, tal y como realizó el recordado torero pero con su vida, sea la única salida. Nunca se sabe hasta que no se experimenta, y en ello estamos, querido Miguel, como con esta conversación. Hacer, hacer, hacer. Una forma activa de entender la esperanza.